2017年国家社科基金教育学一般
"教育家办学导向下大学校长治理能力提
（BIA170216）的阶段性成果

U0518970

王　飞◎著

中国大学校长如何治校

基于大学校长的访谈简析

知识产权出版社

全国百佳图书出版单位

—北京—

图书在版编目（CIP）数据

中国大学校长如何治校：基于大学校长的访谈简析/王飞著. —北京：知识产权出版社，2020.3

ISBN 978 – 7 – 5130 – 6788 – 1

Ⅰ. ①中… Ⅱ. ①王… Ⅲ. ①高等学校—校长—访问记—中国②高等学校—校长—学校管理—中国 Ⅳ. ①K825.46②G647.12

中国版本图书馆 CIP 数据核字（2020）第 033377 号

内容提要

本书是对中国当今一些大学校长关于办学治校的思考、体验、感悟等方面的访谈简析。作者对在当今中国大学治理上贡献过力量的大学校长，围绕其治理能力方面进行了细致的访谈简析。访谈到的校长包括：龚克校长、钟秉林校长、黄进校长、张楚廷校长、范跃进校长、郭立宏校长、高岭校长、古源光校长、罗海鸥校长、李和兴校长、许承明校长、单强校长、贺祖斌校长、孟繁华校长 14 人，这些人物包括双一流大学的校长、985 大学的校长、211 大学的校长、一般本科院校的校长和专科院校的校长。这些校长的治校之路，既是自我实现的过程，也是具体大学发展道路上的一个缩影。作者通过系统的访谈书写，将大学校长或难或易、或长或短的治校历程与校长自身对大学的认知结合起来，呈现大学校长治校能力，为世人留下珍贵实录。

责任编辑：冯　彤		责任校对：潘凤越	
封面设计：张革立		责任印制：孙婷婷	

中国大学校长如何治校
基于大学校长的访谈简析
王　飞　著

出版发行：	知识产权出版社有限责任公司	网　　址：	http：//www.ipph.cn
社　　址：	北京市海淀区气象路 50 号院	邮　　编：	100081
责编电话：	010 – 82000860 转 8386	责编邮箱：	fengtong@cnipr.com
发行电话：	010 – 82000860 转 8101/8102	发行传真：	010 – 82000893/82005070/82000270
印　　刷：	北京建宏印刷有限公司	经　　销：	各大网上书店、新华书店及相关专业书店
开　　本：	787mm×1092mm　1/16	印　　张：	13.75
版　　次：	2020 年 3 月第 1 版	印　　次：	2020 年 3 月第 1 次印刷
字　　数：	200 千字	定　　价：	69.00 元

ISBN 978-7-5130-6788-1

出版权专有　侵权必究

如有印装质量问题，本社负责调换。

序　言

　　大学校长是从事大学综合性事务管理和服务工作的精英。对这一精英的关注与研究，需要通过调查来获得。笔者在调查过程中获得了刻骨铭心的体验与感悟，这或许是最有意思的，不但对自己作为研究者与观察者的人生有意义，对学术发展，其实也是有意义的。于是在做课题研究的过程中，单独针对关于大学校长的调查访谈写一本书——有学术味道，也有实践味道，是介于学术与非学术之间的一本专著，也是在进行学术研究过程中作为研究者与被研究者的一段心路历程的彰显。本书不仅是描述分析被访谈者的治校情况，更是呈现自己作为研究者的人格升华，不寻求中规中矩，而是实话实说，真心呈现。

　　更为重要的，也是需要向读者交代的是，本书所访谈的对象不需要是名校校长，也不追求校长是否具有代表性。相信走上任何一所大学校长岗位上的人，都有一颗不甘平凡的心，因为真正的治校能力是一个平凡的人通过坚持去做平凡的事而彰显的。不管所访谈的校长是不是名校的校长，只要有梦想、敢于追求、不畏世俗，就能在办学治校之路上走得远，走得好。另外，所访谈的校长也不需要必须是现任在职的校长，可以是退休或换岗的校长，只要他（她）在一定时间内在校长岗位上工作过都可以是访谈对象。被访谈的校长，不需要华丽的"身份"，需要的只是一句句发自肺腑的、真实的话语。正是因为内容的真实才能揭示出初心与治校能力。

2017 年的 11 月 7 日下午,笔者第一次对大学校长进行正式的面对面访谈与交流,是与南京晓庄学院的校长许承明教授的访谈交流。此后至今,带着对课题的研究,与中国 21 位大学校长进行了深度访谈(在访谈中,笔者事先向访谈对象说明了访谈的目的、用意、用途,并征求是否同意把访谈内容用于研究以及公开发表和出版,在把录音稿形成文字稿后,又一一经过每位校长核实与授权公开出版,本书对同意把相关访谈内容公开出版的 14 位校长的访谈内容结合研究设计进行了整理和分析)。

在这个过程中,要顺利找到访谈对象是很难的,在寻找访谈对象的过程里,笔者着实体会了什么叫“社会距离”。社会学上有个概念叫作“社会距离”,是指由于不同的群体拥有不同的社会阶层地位,因而相互间的亲密程度也大相径庭。因而要访谈这些大学校长主要是通过熟人引荐,且这个熟人是能够与校长说得上话的。能有这样的熟人,就必须找到学术上所说的“引路人”。

找到访谈对象后,笔者的潜意识里,在访谈这些大学校长时,不要把他们当作“官”来看,首先把他们当作人来看。因为这些大学校长都很积极、努力,所以笔者看到的永远是在工作中的大学校长。笔者发现,在管理类的工作中,有这么一类劳动者(大学校长),他们与其他类别相比,区别其实没有那么大。

理念对于大学校长而言更多的是当好校长的职业道具。

大学校长对问题的阐释更多是一种职业情境里的表演行为。

从执行力的角度上说,大学校长的工作更应该扎根于本校有策略地“做正确的事”(Do rights),而不是高调地“说正确的事”(Say rights)。

每一位被访谈的大学校长给笔者的启发不仅是学业与职业发展方向上的,更重要的是要有一种不伪装、顽强而乐观的生活态度,一种更加接地气、不受理性概念框架限制的智慧。从这点上说,笔者很幸运选择了大学校长的研究道路,很幸运在这条路上碰到了这些既有高学历又有高智慧,既有学科专业知识又有综合素养与能力的大学校长。

在访谈大学校长的过程中,笔者经常思考一个问题——我是谁?我仅仅是一个研究者、调查者,还是我是一个背负使命并迷惑于未来的人?在我与被访者视域对接的当下,我是选择成为一个理性的记录者、资料搜集者,还是我也是一个分享者,一个可以进行情绪对接和移情理解大学校长的人?换言之,调查者和被调查者,在研究的当下,究竟是两个"主体"彼此互动、理解,呈现出某种"调查结论",还是我与被调查者的关系是一种"主体"与"客体"的关系?在大学校长的故事中,我是否要做一个冷眼的"剪裁者"?假如是,那应该"剪裁"什么?假如不是,我要如何在一次次的访谈中适当地呈现我的情感,并能够与他们呼应?

是为序。

王 飞

2019 年 10 月

前　言

大学校长治校力访谈，围绕"治理能力"设计了很多问题与校长交流，归纳起来看，主要围绕十个方面的能力对全国不同地方、不同大学的校长开展访谈。十个能力分别是：革新力，是指大学校长是否有新奇的教育理念；阐释力，是指是否对教育问题有新阐释与新见解；理论力，是指对教育发展是否贡献了新理论或者有相对清晰明确的理论观点；思想力，是指大学校长的治校理念是否有坚实的哲学基础；实践力，是指是否有检验教育思想的有效场所或成功的教育改革经验；学习力，是指是否有一定影响的或者特定指向的教育代表作；育人力，是指在多大程度上提升了这所大学的育人能力以及影响并培育了杰出人才；决策力，是指办学治校中做出决策部署安排的能力；执行力，是指有效贯彻与切实落实的能力；影响力，是指在多大范围有他人公认的影响力。围绕十个方面的能力设计了十个访谈问题（见表0-1）。

表 0 – 1 大学校长治理能力访谈提纲

序号	问题	问题解释	能力指向
1	您有什么样的办学理念?	指大学校长是否有鲜明以及新奇的教育理念	革新力
2	您对影响或阻碍办学治校中的问题是怎么理解的?	指是否对教育问题或影响一所大学发展的问题有新阐释与新见解	阐释力
3	您有属于自己的教育理论吗?	指对教育发展是否有自己的理论或者坚持明确的理论观点	理论力
4	您认为恰当的办学理念应该奠定在什么样的理论基础之上?	指大学校长的治校理念是否有坚实的哲学基础(如政治论、认识论、正义论、善良论、绅士论、准备论/泛智论、自然论、适应论、道德论、预成论、生长论、适应论、超越论等)	思想力
5	您认为您在什么程度上改变了您所当校长的大学?	指是否有有效的或成功的教育改革经验与治校方略、举措	实践力
6	您是否有教育代表作品?	指是否有鲜明的或者特定指向的教育代表作(著作、论文、文章、重要的工作讲话稿等)	学习力
7	您认为您在多大程度上提升或改变了您所任校长的大学的人才培养能力?	指在多大程度上提升或改变了这所大学的育人能力和影响并培育了杰出人才以及开展了有效的师资队伍建设	育人力
8	您认为您在办学治校中有什么样的决策能力?	指做正确的事与正确地做事的能力、学校发展战略与战术的抉择能力等	决策力
9	您认为您在办学治校中有什么样的执行能力?	指作为法人代表在具体的办学治校过程中有效贯彻与切实落实的能力、举措等	执行力
10	您认为您在多大范围有他人公认的影响力?	指在多大范围有他人公认的影响力(客观影响力 + 主观影响力,即实实在在的业绩与他人的口碑、评价、议论等)	影响力

　　以此十个方面的问题作为访谈大学校长的问题依托,在全国范围内随机选择了21所大学的校长开展了深度访谈。访谈的主要方式是结构性访谈(面谈),其中与少部分校长的访谈是非结构性访谈(笔谈)。每一位访谈都进行了录音,并在访谈结束后把录音整理成文字。整理成文字的数据解读用的是开放编码,按照主题概念或类别归在一起,比较不同受访者之间的叙述、故事、事件、形象、价值取向、情境等。在解读中,除了关注叙述中的具体语言、意义、过程、背景等,笔者还通过对相关概念的思考与疑问来确定从中折射出的方向与重点,即展示大学校长个人对何为好的大学治理的有意识的、学术性的深入见地。因此,本书对访谈数据的解读是一种分析式的,并具有伴随自传式的“人种志研究方式”的味道,来揭示高质量的大学校长的治理。“人种志是一种了解他人的方法,随着研究者的观点成为抽离的、高水平的概念性分析,抽象的、自传式的人种志研究方法从后殖民和后现代的情感转向到聚焦‘自我意识,把自己作为主要的数据来源,报告个人自己的经验和反省’。”❶ 莉安普通(Liamputtong)认为:“人种志的目的是讲述个体的故事……把经验作为与他人沟通的基础,这样其他人可以反思自己的经历。”❷ 由此提供一种有效的方法来促进大学校长治理能力的提升。从这个角度,在留意大学校长们关于日常工作、生活具体事件与感受的描述的同时,笔者开始考量这些叙述背后的情境,尝试提出下列理论性的问题,帮助自己搞清楚什么是他们理解的治理能力,这些又怎样影响他们的经历与经验——如何认识自我,如何认知大学、治校资源、队伍建设、社会资本、行动逻辑、角色、实际工作、决策、生活故事等。围绕这些问题进行理论抽样,“理论抽样是指引你要去的地方”❸。笔者主要

❶　Michael Patton. Qualitative Research and Evaluation Methods [M]. London:Sage Publication,2002:86.

❷　Pranee Liamputtong. Qualitative Research Methods [M]. Melbourbe:Oxford University Press,2009:334.

❸　李茂荣. 走向领导者 [M]. 北京:中国人民大学出版社,2014:72.

对嵌入大学治理实践中的知识、身份、各种机理等核心进行了理论抽样，根据数据的呈现，其核心内容也是按照解读得到的主题安排的。总体而言，本书利用叙事性的方法，针对大学校长在办学治校的实际工作过程中的所想所思所做所感，以及某些重大事件，突出该事件对大学校长成长的影响，突出某些大学校长实际的治校场景，尽量深描大学校长治校事件的某些来龙去脉，融入大学校长当事者自己的真情实感，融入笔者作为旁观者和研究者的一些反思性思考，夹叙夹议地对访谈内容进行分析，以便给我们认识思考大学校长的治理能力提供一定的视角。

目　录

构建大学共治的能力

——南开大学校长龚克

（笔者与龚克校长访谈结束时的合影）

访谈时间： 2018 年 1 月 23 日 11：00—12：30

访谈地点： 天津赛象宾馆三楼会议室

访谈方式： 面谈

【龚克校长简介】 男，汉族，1955 年 6 月生，原籍湖南湘潭。工学博士，教授，博士生导师，俄罗斯宇航科学院外籍院士。1981 年 11 月加入中国共产党。1982 年 1 月毕业于北京理工大学电子工程系，后由教育部派遣出国留学，1986 年在奥地利格拉茨技术大学通信与传播研究所获技术科学博士学位。2001 年获选俄罗斯宇航科学院外籍院士。2013 年入选联合国秘书长"科学咨询理事会"。1987 年回国到清华大学电子工程系工作，1994 年晋升教授。2006 年 7 月—2011 年 1 月，任天津大学党委常委、校长；2011 年 1 月—2017 年 5 月，任南开大学党委常委、校长；2017 年 5 月—2018 年 1 月，任南开大学党委副书记、校长。

2018 年 1 月 9 日，通过 2013 年参与云南师范大学的一次学术交流活动中结识的南开大学周恩来政府管理学院高等教育研究所的陈巴特尔教授的帮助，笔者得知了龚克校长的电话号码，并冒昧地编辑了一条短信发给龚克校长，短信内容如下。

尊敬的龚校长：

您好！打扰您！我是云南曲靖师范学院教师教育学院的老师（副院长），叫王飞，我在南京大学读的博士，很高兴通过贵校周恩来政府管理学院的陈巴特尔老师得知您的电话号码。我 2017 年 7 月获得一个国家社科课题"教育家办学导向下大学校长治理能力提升机理研究"。

在研究过程中要选择一部分大学校长进行访谈，想请您作为访谈嘉宾之一，诚恳希望得到您的关心支持。谢谢您！王飞叩上。

龚校长，我是课题负责人，我在南京大学读博士时，导师是南京大学教育研究院的王运来老师，博士论文与大学校长相关，后续一直在关注，2017 年申报国家社科获得立项。我这种层次的人研究大学校长不容易，找大学校长访谈更不容易，所以麻烦您给予帮助与关心。

将近两天之后，龚克校长用短信给我回复了四个字："尽量支持。"

之后经过具体的预约与对接，我们最终将访谈时间确定在 2018 年 1 月 23 日上午，龚校长叫我在这个时间段里到天津赛象宾馆的三楼会议室门口等着，他当时正在参加天津市人大的南开区代表团会议。由于这是政府官方组织的会议，会议现场保安严密，一般人员不得随意出入开会的赛象宾馆。龚克校长心思细密，事先安排了他的秘书与天津南开区的人大副主任王军对接好。

2018 年 1 月 20 日刚刚下过一场大雪，积雪很厚，室外温度 −10℃左右，在外面行走，如果不带耳罩与手套，三五分钟耳朵和手就被冻僵了。我于 2018 年 1 月 22 日晚上从西安（之前在西安进行访谈）乘高铁抵达天津，入住的酒店距离龚克校长第二天开会的酒店不远，间隔 1.5公里。23 日 10：00，我从入住的酒店按时来到了龚克校长开会的酒店恭候着他接受我的访谈。

我等到 10：50，龚校长来了。63 岁的龚校长，个子高大，帅气，儒雅，完全是一副纯粹知识分子的形象。戴着一副光亮的无框眼镜，浓密的头发中夹杂着些许白发，头发梳理得顺畅，普通话相当标准，语音洪亮，面带微笑，讲起话来时而伴随着灿烂的笑声。访谈从他问及的"你所做的课题具体是一个什么样的课题"开始切入。

下面将访谈的记录以及作者分析思考，按照研究结构进行叙述。

一、革新力

"理念只不过相当于尝试说出一个词语的意义，即该词平时是如何被使用的或者当前是如何被使用的。"❶ 对教育者而言，不一定非要揭示教育的本质，但一定要具备对教育理解的理念，且这种理念必须能够获得大部分人的认可。只有具备这个能使大部分人认同的理念，才能对大

---

❶ 安东尼奥·R. 达马西奥. 寻找斯宾诺莎——快乐、悲伤和感受着的脑 [M]. 孙延军，译. 北京：教育科学出版社，2009：93.

部分人进行"思想领导"或者是"文化领导"。这就是大学校长一定要有"教育理念"的原因，假如大学校长的教育理念不仅能获得大部分校内人的认同，而且能够被同行接受，那么就具备"教育家"的重要前提了。这种理念如果在意识上起到一种"与他所处时代的教育规范决裂"❶的革新作用，可概括为"革新力"。举例说明，蔡元培在革新力上，其鲜明的理念是"大学是纯粹学问机关"❷，即"第一位明确提出'学术本位'立校的理念"。❸

从访谈中，笔者对龚克校长在"办学理念"上的总结概括是"依法共治，育人为本"。在访谈中，笔者问及龚克校长是如何开展大学治理的，龚校长对这个问题其中一个方面的回答如下。

> 说到治理其实是校长如何在学校治理结构中发挥作用的问题。我觉得中国大学的治理结构应该是五个主体组成的共同治理结构——党委（党组织系统）、校长（行政系统）、教授（教授为主的学术委员会）、教师（教代会）、学生（学代会）五个主体。南开大学的章程中规定的大学治理主体就是这五个治理主体。多元治理结构是高等教育法规定的。"多元治理"的治理结构是现代高等教育治理中发展起来的一个共识。

> 有人说，西方优秀大学是"校长治校"，是不是真有这样的大学，我不敢说，但我所知道的优秀大学都不是这样的。校长不仅要与教授会合作，更要服从董事会，我不知道哪个学校的校长一个人能说了算的。所以，我认为多元共治的现代大学制度的基本形式是共性。许多国家用法律把这种治理结构固定下来，中国也是。

---

❶ 罗伯特·R. 拉斯克，詹姆斯·斯科特兰. 伟大教育家的学说 [M]. 朱镜人，单中惠，译. 济南：山东教育出版社，2013：4.
❷ 高平叔. 蔡元培全集：第3卷 [M]. 北京：中华书局，1984：323.
❸ 饶正慧. 民国时期著名大学校长领导力研究 [D]. 重庆：西南大学，2013：63.

大家比较关心中国实行的党委领导下的校长负责制，这当然是中国特色的制度安排。但是，我觉得这个个性里面也有共性。共性就是集体领导下的校长负责制。我所知道的世界优秀大学都实行董事会领导下的校长负责制，董事会是利益相关者的代表组成的集体，在董事长主持下决定学校的重大事项。校长要是执行不力，或是不尊重董事会，那是要被炒鱿鱼的。中国大学的党委也是由校内不同单位、不同岗位、不同性别、不同年龄甚至不同民族的人选组成的集体，在书记主持下实行集体领导。按照法律和党章的规定，党委领导主要是实行政治、思想、组织领导，决策重大事项，同时支持校长独立负责开展工作。

校长在这个治理结构中要处理好多方面的关系，但最突出的是党政关系。这方面有件事对我很有教育意义。那是 2001 年，清华大学 90 周年校庆，时任校长王大中要向当时的总书记江泽民同志做一个简短的汇报，学校准备了一个比较全面的汇报稿，我负责准备 PPT，由于时间关系，我把党政配合的内容省略了。对此王校长严肃地说这段不能删，而且要重点凸显出来，因为清华大学之所以办得好，就是因为清华大学的党政配合得好。的确，清华大学在党委集体领导和支持校长独立负责开展工作上做得很好。我自己在天津大学与南开大学工作中，也是得到了党委的充分尊重和支持的，包括强化学术委员会的作用，把学生作为治理主体写入学校章程这样的事情，都得到党委的支持和推动。

为什么要把学生作为治理主体呢？学生是学校的服务对象，是学校的大多数，而且大学生是成年人，在决策上应该听取学生们的声音，这是民主治理的需要。我希望高等教育法在不远的将来把学生这个治理主体写入法律。另外，是焕发学生们的主体意识，这对学生的成长是很重要的，在参与治理的过程中，让学生明白规章制度、明白资源配置、体验民主法治的方式，这些对学生的成长是至关重要的。生活即教育，学生在民主的环境中生活就会受到民主的教育，在法治的环境中生活就会受到法治的教育，这些都不是课堂上能够教育出来的。这是育人的需要，让学生参加学校治理，更好地自我教育、自我服务、自我管理，也是育人为本的要求。而现实情况中，学生在五个治理主体中还是短板。

龚克校长在针对"如何看待自己"的问题上如是回答。

自己努力了，很忙，也很累，在这方面问心无愧，但是许多工作没有达到自己的预期，有不少遗憾。自己虽然努力地做了很多事，但是不能太过于强调大学校长个体的作用，校长的一个关键作用就是要把与其他治理主体的共治关系处理好。在清华大学做副校长的时候，王大中校长在共同治理的关系中处理得很好，该放的放，该收的收，让各个共治主体积极发挥作用。王大中校长的谋势能力（他多次讲"善弈者谋势，不善弈者谋子"）、运筹能力（就像刘伯承打仗的战略战术一样，做到吃一个、夹一个、盯一个）、眼光（总是把清华工作放在世界和国家的发展大局中定位和谋划）和长远布局（比如学校的综合性发展），而且能在党委集体中推动共识，对清华大学在世纪之交的转折发展起到了很重要的作用。自己在清华大学作为副校长与王大中校长相处的过程受益匪浅，为自己后来到天津大学和南开大学任校长奠定了良好的基础。

这些都说明了龚克校长的理念是"依法共同治理"和"育人为本"。

二、阐释力

在构建大学治理的工作格局中，有一些问题是构建工作格局的障碍。龚克校长对大学治理中存在的教育问题的认知与见解，概括而言是，大学的工作格局需要厘清错误认识、落实育人为本。

正如龚克校长在访谈中说：

当下中国大学存在一个根本性问题，就是工作格局不清晰。在不同的场合强调不同的工作重点，导致学校的工作摇摇摆摆。如教学会议，强调教学工作的重要，采取很多措施鼓励教学，鼓励教师、评教学奖、设定教学岗位津贴等；科研会议，强调科研工作的重要性；讲到国际合作的时候，强调国际合作的重要性；讲到成果转化的时候，强调成果转化特别重要。仔细一推敲，工作的中心究竟是什么？是摇摆的，是不清晰的。不同时期有不同侧重是正常的，但有没有万变不离其宗的东西？当然是有的，这就是我们"立德树人"的根本任务，这是学校之本。育人为本这个本来很清楚的事情怎么会变得模糊了呢？是因为有对大学功能的严重误解，对大学中心工作的严重误解。大学的功能是什么？有"三大功能"说，源头是国外常讲的 Teaching、Research、Service。但不知为什么，Teaching 被翻译为"人才培养"，本来与科研、服务并列的教学，变成了"人才培养"。这样一来，"人才培养"这个根本任务就变成了三大并列功能之一。后来大学功能增加了"文化传承创新"，"人才培养"成了四大功能之一。还有人主张应加上"国际交流"这第五大功能，"人才培养"成了五大功能之一。随着大学功能的拓展，"人才培养"的地位越来越弱化。整个工作格局的中心没有了，主线没有了，不是围绕中心下一盘棋，而是成了同时下好几盘棋的局面。殊不知，学校就是学校，就是培养人的，如果离开或者偏离了这点，学校就没有存在的价值了。拿研究来说，以经济学为例，社科院等研究机构在搞经济研究，企业公司在搞经济研究，银行在搞经济研究，社会组织也有搞经济研究的，那大学做经济研究的独特之处是什么呢？是通过研究培养经济人才。很多研究工作，大学之外的其他一些机构都在做，而且可能做得比大学好。而大学所做的科学研究都是因为人才培养的需要才做的，因此，"人才培养"不是大学的功能之一、任务之一，而是根本任务。所以，我认为把人才培养与其他功能并列起来是不对的。有人说，人才培养不是作为第一项功能了吗？应该可以了吧。我觉得这也不行，这导致大学的工作格局失去了中心，没有了根本。还有一个大的误解，是认为邓小平确定了大学的两个中心。邓小平当年说"大学既是办教育的中心，又是科学研究的中心"，大学工作的"两个中心"就是从这个"既是……，又是……"中演化出来的。可是仔细想一想"既是……，又是……"是指一个，而不是两个。如"既当爹又当妈"是两个人吗？而是指一个人在做两件事情。那大学里为什么一定要做"教学"和"科研"这两件事呢？是因为培养人才需要这两件事情，仅仅教学培养不出创新型人才，为什么要有"国际交流合作"呢？因为要培养国际化人才。为什么要有"社会服务"，因为人才培养需要接受社会实践。因此，大学所有的工作都是人才培养这根主线串起来的，是以人才培养为中心的一盘棋，这就是工作格局。现在的问题是大学把这些事情当成是并列的，把教学工作、科学研究、社会服务、国际交流合作与人才培养并列起来看待，所以导致大学的工作格局不清晰。大学校长要统揽全局，必须对"立德树人"或者叫"人才培养"这个根本任务、工作中心有明确的、坚定的、一贯的认知和表达，用它来贯穿其他所有工作。

三、理论力

在理念引导下，大学校长要构建一个理论模型，这个模型应该能将教育作为一种精神性的存在进行富有解释力的简化，也就是试图将理论做到不仅具有解释力，而且应具简约之美，这个可概括为理论力。举例说明，蔡元培在理论力上，提出了"五育并举"的理论。从访谈中可知，龚克校长的理论构建是，提出了一套"在关系互动中治理大学"的理论。他说：

> 人是很重要的，但是制度的重要性不亚于人，当好大学校长关键在于自己要把握好一些关系，处理好与党委书记的关系，处理好与教授群体的关系，处理好与学生群体的关系，处理好与学术委员会的关系，懂得学校一切的运转关系，大学校长在这些关系中建立互动的能力是现代大学治理中很重要的。大学校长作为法人代表，作为行政负责人，在一个共治结构中要建立起与其他共治主体较好的关系，在这样的关系中做到游刃有余，在这样的关系中实现大学校长的治理目标，是自己多年来一直努力去做的。

四、思想力

"哲学是最一般方面的教育理论。"❶ 大学校长需要理解这句话的深刻含义，即大学教育是使哲学的特性具体化并受到检验的实验室，在这个实验室里，"对于一个教育者来说，思想是第一位的，没有思想便没有教育。没有思想家也便没有教育家"。为了找到一个抓手，这里的"哲学基础"，主要界定在要有奠定在坚实的哲学基础上"对人类本性及其重要性理解"的教育目的，目的就是思想，概括为思想力（哲学就是世界观与价值观的总和，目的是世界观与价值观的缩影）。大学校长清晰的教育目的都是立足于人类本性及其重要性理解之上并回答"发展什么样的教育和培养什么样的人"的问题。以此纵观人类历史上中外古今伟大的教育家或教育专门研究者的教育哲学观，不外乎可以概括为以下几类（见表1-1），大学校长思想理念是否有坚实的哲学基础可从这些教育哲学观中审视。

---

❶ Dewey. Democracy and Education [M]. New York：Macmillan Books Limited，1916：386.

表 1 - 1　中外古今伟大的教育家或教育专门研究者的教育哲学观概括

教育哲学观	代表人物	代表论著	附加解释
正义论	柏拉图	《理想国》	通过教育彰显正义的理想国家
善良论	昆体良	《雄辩术原理》	雄辩家的必要条件在于善良
绅士论	洛克	《人类理解论》《教育漫话》	教育在于培养绅士
准备论/泛智论	夸美纽斯	《大教学论》	教育在于为普遍人的未来生活做准备
自然论	卢梭	《爱弥儿》	教育遵循自然
适应论	裴斯泰洛齐	《林哈德和葛笃德》	教育的最高目的在于适合生活
道德论	赫尔巴特	《心理学教科书》《教育科学》	道德是教育的最高目的
预成论	福禄贝尔	《人的教育》	教育的唯一目的是使人意识到他身上的精神本性
生长论	杜威	《学校与社会》	生长本身就是唯一的道德目的
适应论	潘懋元	《高等教育学讲座》	高等教育的两个规律
超越论	鲁洁	《论教育之适应与超越》	教育要从适应论向超越论发生转变

从龚克校长"育人为本"与"立德树人"的理念可以得知，其理念的哲学基础应该是"准备论/泛智论""生长论"。正如他说的："生活即教育，学生在民主的环境中生活就会受到民主的教育，在法治的环境中生活就会受到法治的教育，这些都不是课堂上能够教育出来的。"

五、实践力

在怎样建设大学的治理结构上，龚克校长是这样说和这样实践的：

在中国，有人说，西方优秀大学是"教授治校"。的确，教授在优秀大学治理中确实有很大的作用，但校长、董事会、学生也有作用，我所知道的优秀大学没有实行教授一元主体治校的。最高决策机构是董事会，董事会成员中有教授的代表，但很有限，因为他们要防止大学内部人操控，防止内部人操控是西方治理的一个重要理念，所以不是教授治校，而是多元共治的现代大学制度。我们面临的问题是，怎样在中国特定的实际条件之下构筑和运转自己的治理结构，在高等教育法有明确规定的情况下，这主要的实践问题，是在实际工作中让党委、校长（行政系统）、学术委员会、教代会、学代会各司其职、运转有效的问题。在实践中，明确各主体的权力以及权力来源是关键。如学校的学术委员会，其权力是谁赋予的？是校长赋予的还是党委赋予的？抑或是教授教师赋予的？从传统来看，学术委员会是校长或者是党委会聘请的，也就是聘请者赋权的，由学校党政聘请各学科的知名学者，形成了学术委员会。我在天津大学、南开大学把这个给改了，改成学术委员会委员由教师推选产生，学术委员会委员是代表教师群体来进行学术治理的。因为高等教育法的精神是让学术委员会成为学校重大学术问题的决策机构，不是党政决策的咨议机构，所以不应由党政聘请。这几年，学术委员会在学科发展评议、学术成果评价、学术人才评审、学术道德建设和问题处理等方面的作用有了明显的增强，但是在学术发展资源配置方面，目前的作用还不够强。如经费配置的问题，尤其是大额资金的配置问题，属于"三重一大"的事项，需要经过治理主体中的几个环节，最终由党委会来决定配置。这里面如何更好发挥学术委员会作用，是改进学术治理、落实教授治理的重要一环。再一个是如何发挥学代会的作用，我们在实践中探索了校长向学代会报告校务、受理学代会提案、学代会进入校务委员会等做法，但还很不够。因此，现行大学治理格局中两大短板是学术委员会与学生代表大会。

六、学习力

理念、理论、话语、思想和实践，在成就一个教育家的元素中，一定具备了超出常人的或足以跨时空的智慧，这种智慧可以提取出很多精雕细琢的彪炳后代的文字，这可以概括为"学习力"。举例说明，在学习力上，蔡元培著有《大学改制之事实及理由》等，梅贻琦著有《大学一解》等典型的教育代表作，钱伟长著有《论教育》《教育和教学问题的思考》《钱伟长文选》等，朱九思著有《竞争与转化》《高等教育刍议》《高等教育散论》《高等教育管理》等。

龚克校长作为一名具有理工科学术背景的科学家，其主编的书《南开大学史话》（社会科学文献出版社，2016），是向广大读者介绍南开大学近百年办学历程的一本普及性读物，也是面向社会大众讲好南开故事的一个尝试。书中分历史概述、南开往事、南开名人、走向未来四部分内容，并附有大事年表，比较全面地展现了南开大学近百年来与国家民族命运相系的发展道路，"公能育人，全面发展"的教育特色、"认识中国，服务中国"的学术传统，并成为中国近代以来中国高等教育发展的一个缩影。

他在教育方面的论文很多，例如，《关于"卓越工程师"培养的思考与探索》（《中国大学教学》，2010 年第 8 期）；《人才培养比选拔更重要》（《中国教育报》，2012 - 03 - 19）；《立德树人、素质教育与内涵式发展》（中国高等教育，2013 年第 2 期）；《什么是"现代化"的课程？——高等教育现代化视角下对课程的思考》（《中国高教研究》，2015 年第 12 期）。天津大学在建校 120 年时，编辑出版了龚克校长在该校工作期间的文集，书名为《育人之是 上下求索》，其中有一组文章最早刊发在香港报刊上，还被香港中文大学校刊全文转载，分别从学生与学术、学生与学科、学生与学者的视角阐述学生是大学之本，这组文章很代表他的办学理念。

七、育人力

大学校长作为一个大学的主要支配者，需要具有建构吻合学校发展和师生员工利益的价值观及能力，即在其理念、思想、理论的实践下，严格立足于人才培养，包括培养并发掘各种真正的师资人才和学生。

龚克校长的育人力从其"育人为本"的思想理念里得到鲜明的体现。正如他说的："大学治理中有两个短板也是盲点——学术委员会主体和学生主体。学生主体可以说是学生代表会议。作为大学，需要焕发学生的主体作用，要尊重学生在人才培养中的作用，让学生在这个过程中明确体会到民主教育、法治教育和生活教育。"另外，龚克校长的"育人力"也从具体的人才培养思路中得以彰显，他说道：

> 关键的是要结合特定的大学，让工作格局有自己的特征，凸显这个特征最关键的着力点是优化学科结构，即便是所有的大学走向综合性，学科结构也都要有自己的特色，也要围绕自己的人才培养目的打造自己的特色。如自己在天津大学当校长的时候，着力打造的是中国工程教育特色，并且成为中国工程教育的代表。在天津大学，自己没有强调天津大学走向综合性，强调的是打造工程教育，在中国起到一个领军作用，如"卓越工程师计划"、现在做的"新工科"，都是沿袭这个思路。南开大学是一所具有较鲜明综合性格局的大学，但是这种综合性格局与北京大学又不一样，因此，一切工作要围绕其实际进行，要想方设法地把南开大学的综合性优势发挥出来。

龚克校长到南开大学任职不久，主持制定了一个重要文件，是《南开大学素质教育实施纲要（2011—2015）》，其中提出构建新时期南开大学"公能"特色的素质教育体系，为此要实行"三个转变"，即在办学理念上从学科为本转变为以学生为本，在教育模式上从传授知识转变为培养素质，在培养方式上从以教为主转变为以学为主、教学相长。按照纲要的要求和学校"十三五"规划，南开大学发动全校师生分别召开德育、智育、体育、美育工作会议，推行了许多工作措施。

这些都很好地证明了龚克校长为一所特定大学搭建起育人力做了很多努力。

八、决策力

决策力可以通过龚克校长阐释"怎样下放权力"的问题来分析，他说："自己做过清华大学的副校长，做了天津大学与南开大学12年的校长，体会到做副校长与做校长区别很大。从副校长到校长的经历使自己明白，要放手让副校长去做事。当副校长找到自己的时候，肯定是因为副校长为难了，此时需要的正是校长来解决问题。而这样的事情对于校长来说也是困难的，可校长没有后路，必须担起来。"

可见，当"需要校长来解决问题"的时候，就是凸显校长的决策力的时候。从龚克校长在同一个城市的两所重点大学连续任职校长来看，他的决策力已经得到了说明。

龚克校长在谈到履行校长职责时还说道："高等教育法中规定的校长职责中，一直没有落实到位的是大学校长对副校长的提名权。我觉得要积极探索如何与党委干部协调一致地把这一职责落实到位，这应该是落实党委领导下校长负责制的一个重要方面。"

九、执行力

具体的工作执行力，可以从龚校长说的其中一个方面得以彰显——抓"人""文""点"建设。他说道：

> 抓人、文、点建设。首先，大学校长的工作，其本质上是"抓人"的工作，抓关键的人，抓骨干（包括行政骨干和学术骨干），校长要清晰地知道谁是谁，从名字到秉性、从专业到能力，都要清

楚。作为行政负责人，如何独立负责开展工作，这个独立开展工作不是校长一个人在做，而是要行使校长的权力，架构好管理团队与学术团队来开展工作，要根据一所大学的实际、队伍的状况、学校发展的需求，来做好校长的主要队伍，这是校长亲自抓的，而不是分给分管副校长去做。其次，"抓文"就是大学文化。一所大学最重要的特色关键在于文化，而不在于学科专业结构。现在常常把办学特色等同于学科专业结构的特色，我觉得学校的特色本质上在于它的文化特色。牛津与剑桥、哈佛和耶鲁，学科结构差异不大，但仍然各具特色，这就是各有不同文化特质。北大、清华的学科结构已经很趋近了，但他们的文化和校风仍然特色鲜明。大学文化极为重要，这一点是校长以及党委书记亲自抓的工作。作为大学校长，要非常熟悉自己学校的文化特色和特质在哪里，文化是历史积淀下来的，绝非短暂时间就能形成的。文化抓好了，在很多事情上可以"无为而治"。最后，大学校长抓"人"和"文"的工作要切实地落在具体的"点"上，找到抓手，牵住"牛鼻子"，便于落实。作为校长，总要找到几个抓手做试点，校长要对这些"点"上的各种情况多想一些、多参与一些，以点带面，就能把事情做好。

十、影响力

影响力其实是前面所有维度的综合，对于一个治理大学的精英分子来讲，虽然没有人苛求大学校长去赴汤蹈火、为国捐躯，但是如果代表知识阶层的大学校长懒散、胆怯、丧失良知、沽名钓誉、粉饰太平、缺乏公共精神，那么他们对整个国家与民族都是有害的。悲哀莫大于知识阶层的集体息惰。教育家的勇敢在哪里？教育家是那些能够回答这个时代教育大问题的人，他们以自己的勇敢，回答别人不敢回答、不能回答的问题，更重要的是，教育家还勇敢地提出别人不敢并忌讳提出的问题，这一点可概括为"影响力"。

　　既浸润于学术，又对官场熟悉的龚克校长说过一句名言："校长后面加副部级是丢人的事。"这句话当时在媒体中一石激起千层浪，至今网上仍有许多关于这一新闻的转载，标题几乎都是这句话。访谈中，笔者提及他的这句名言时，他建议，到网上查查关于这句话的一些解释说明：

　　　　我特别赞成取消高校行政级别，为什么赞成？并不是说我就是不想要副部级别，而是我觉得这不是我的身份，校长不是行政官员为什么要行政级别。在我心目中，校长是一个特殊的教师，他和普通教师不一样的地方在于，校长是在二线，为一线教师服务。校长不是行政系列的某一级，套上这样一个级别，混淆了学校的属性，将层层向上看的行政化观念和体制引到学校里来，没有行政级别的教师和学生变成被命令指挥的对象，这显然是不对的。

　　　　我希望取消行政级别，推动去行政化，去行政化不是去掉学校里必要的行政管理，而是作为一个抓手，去掉大学作为行政机关附属的身份，以及这个错误身份定位造成的很多官僚化体制和行政化思维，回归到我们作为教学科研单位的本分上去。

　　龚克校长以南开大学校长的身份当选中国共产党第十八届中央委员会候补委员，他始终没有像祖父、父亲那样进入政界，或转向行政工作。他坦言："我觉得我从政不行，我是另外一种性子的人。"

　　所谓"另外一种性子"，或许就是他的学者本色。在繁杂的工作中，在诸多身份里，他始终摆在核心位置的身份是教育者，他对教育的理念是：一定要把教育的全部目的指向人。

　　在教授热衷搞科研、高校热衷学科排名的今天，龚克校长说："衡量一个学校好坏，不是看它的学科排第几，而是学生的发展，这是办学观念上的转变，这个转变是非常难的。"

　　这些话语已经足以窥视他作为大学校长的影响力了。

虽然大学校长的直接影响在某种程度上看是微小的，但其间接影响相当可观。就此而言，人的能力可以被比作黄河、长江及其他大江大河，它们在地球上引人注目，横贯辽阔的区域，有时候给很多的人带来巨大的好处，有时候则造成巨大的危害。然而，当我们回溯那些大河的源头时，会发现它们都源于一些微不足道的喷泉和小溪。

紧扣大学实务的能力

——中国政法大学校长黄进

(2018 年 1 月 24 至 27 日，笔者在京 4 天的时间，黄校长一直在参加各种繁忙的公务，原本预约了几个时间段进行访谈，但因其太繁忙，故最后决定进行笔谈，因此未能合影留念)

访谈时间：2018 年 1 月 30 日
访谈方式：笔谈（电子邮件）

【黄进校长简介】 男，汉族，生于 1958 年 12 月，湖北利川人，1980 年 5 月加入中国共产党，1975 年 8 月参加工作，毕业于武汉大学，研究生学历、法学博士学位，教授、博士生导师。2011 年获加拿大蒙特利尔大学名誉博士学位。1984—2009 年，在武汉大学任教，先后担任国际法研究所副所长、所长，法学院副院长，武汉大学校长助理、教务部长、高等教育研究所所长、副校长。2009—2019 年，任中国政法大学校长，兼任中国法学会副会长、中国国际法学会会长、中国国际私法学会会长。

对黄进校长的访谈，笔者联系得最早，具体是通过中国政法大学本科硕士毕业留校的一位云南曲靖老乡陈泉廷老师联系黄进校长的。陈泉廷老师是中国政法大学学校办公室文秘与信息科的一名工作人员。笔者是在上海参与一个学术会议时认识陈泉廷老师的，之后靠微信电话联系。2017 年 8 月，暑假他回曲靖，一个周末，他约我去曲靖师范学院打篮球，进而约好中午共进午餐，在午餐上我就请陈泉廷老师帮忙联系黄进校长进行访谈。一直到 2018 年 1 月中旬，才具体与黄进校长对接上，确定大概于寒假的 2018 年 1 月 25 号前后进行访谈。

在陈泉廷老师告诉我黄进校长的电子邮箱后，我与黄校长有过几次电子邮件往来。

因为黄进校长公务繁忙，1 月 24—27 日我在北京那几天，他一直在司法部开会，且不得接见任何人。故黄校长对访谈提纲进行了笔谈。在其接受笔谈并授权对其一些讲话稿及其作品进行摘编的基础上形成如下访谈内容。

一、革新力

黄进校长的办学理念可以概括为八个字——自强不息，追求卓越。这个理念可以从他任职中国政法大学校长半年后的思考中窥视。上任后，他利用一个学期的时间进行调研，了解实际情况，同时，按部就班地履行校长应该履行的职责。上任后的第二个学期，黄进校长基于自己的调研与思考，结合实际的工作要点，向全校师生说出了他自己对中国政法大学的认识和今后工作的思考。他在全校工作会议上发言的主题就是："自强不息 追求卓越——走务实的法大改革发展之路"❶。这可以看作黄进校长上任中国政法大学校长之路上一次全面的革新理念的折射和体现。

黄进校长理念中折射出来的"革新力"主要在于"务实"的改革理念，这种务实需要自强不息的精神与追求卓越的勇气。在依法治国的时代，中国政法大学作为中国法学最高学府，需要在这个时代遵循"务实"的理念做出应有的贡献。黄进校长作为中国法学教育最高学府的法人代表，理当用清晰坚实的革新理念引领这所大学与依法治国的时代深度融合。

二、阐释力

黄进校长到中国政法大学上任半年后，经过自己的调研与了解，整体上就中国政法大学发展中存在的问题进行了思考，概括起来如下。

> 办学条件落后、办学资源不足、资源配置不尽合理、学科发展不平衡、教职工待遇偏低、学校管理精细度与效率不高、校园文化和氛围有待进一步优化。必须正视这些困难与挑战，在今后的改革与发展中去逐步解决。❷

黄进校长对这些问题的把握与思考来自把中国政法大学置于整个中国高等教育发展的大时代环境中的深刻透视。作为处于首都北京的一所中国法学教育最高学府，从他所看到的问题的表达来看，这些问题之下

❶ 源于黄进校长的讲话稿。
❷ 源于黄进校长的讲话稿。

的中国政法大学，似乎与首都北京的中国法学教育最高学府的地位极度不匹配，这本身就充分展示了黄进校长的问题阐释气魄。黄进校长是把中国政法大学置于整个世界高等教育和中国高等教育发展的大环境里来认识的。他对整个中国高等教育时代的把握体现在以下一些方面，正如他所说的：

一是我国高等教育已从精英教育阶段进入大众化发展阶段。2008年，我国高等教育毛入学率达到23%，在学学生总规模2700万人，居世界第一。由于我国是在很短的时间内实现这一转变的（始于1999年），所以在一段时间内，教学质量下滑，办学条件跟不上，教育目标模糊，教育价值混乱，既不可避免又必须应对。我们要有自己的主见。

二是我国正在致力于建设高等教育强国。党在十七大报告中就提出了"优先发展教育，建设人力资源强国"的目标。如果将这一目标在我国高等教育领域加以具体化，我认为就是要把我国从高等教育大国建设成为高等教育强国。这实际上对各大学的重点学科提出了更高的要求，尤其是重点大学和学科必须考虑其在我国建设高等教育强国的过程中发挥什么作用，处于什么地位。

三是提高高等教育质量成为重中之重。这既是前些年扩大高等教育规模后的必然之举，也是我国提出建设高等教育强国、人力资源强国、创新型国家，推进我国现代化进程，提升我国国际竞争力的必然要求。因为发展靠创新，创新靠人才，人才靠教育，教育靠质量。提高高等教育质量的核心在于培养大批各类高素质的专门人才和更多的拔尖创新人才，在于知识创新。

四是改革创新成为我国高等教育发展的强大动力。改革开放40年来，我国高等教育改革的深度和广度前所未有，高等教育的改革创新大大增强了我国高等教育发展的活力。但我们又不难看到，我国高等教育的发展还面临许多体制、机制、制度的障碍和瓶颈。国务院正在制定国家中长期教育改革与发展规划纲要。这个规划纲要实际上就是要解放思想，实事求是，与时俱进，在发扬民主、集思广益的基础上，促进教育的改革创新，推动教育的科学发展。国家中长期教育改革与发展规划纲要的出台，意味着将有新一轮高等教育改革创新机遇，我们必须紧紧地抓住，借以推动我校内部教育教学和管理体制机制的改革创新。

五是高等教育的国际化方兴未艾。在经济全球化时代，高等教育国际化是世界潮流和趋势。高等教育国际化不仅是一种教育理念，更是一种在世界各地广泛进行的教育实践。今天，高等教育的国际化实践已展现出异彩纷呈的局面。美国哈佛大学在阿联酋开办分校，波兰在以色列建医学院，德国在开罗办私立大学。而且，世界各国许多高校纷纷出台了自己的国际化纲要和规划。例如，美国耶鲁大学在其《耶鲁国际化战略框架：2005—2008》中明确指出，"国际化是我们对变革世界中机遇和挑战的回应"；韩国高丽大学在百年校庆时旗帜鲜明地提出了从"民族性大学"（National University）向"全球性大学"（Global University）转变的口号；日本东京工业大学在其国际化策略书中明确提出了建设"世界最强的理工科综合大学"的发展目标。高等教育资源，包括资金、思想、学生、教师等的跨境流动，对这个时代的优秀大学形成国际竞争的压力，迫使它们重新审视自己的使命。

六是我国高等教育正处在充满矛盾的时代。我们不妨在这里先简单地回顾一下美国的高等教育发展史。20世纪50年代到70年代中期，是美国高等教育大发展的黄金时期。比如，在这期间，其公共高等教育从50%上升到80%，学生规模从400万人扩展到1200万人，少数族裔的学生大量入学，女性学生的比例达到学生总数的一半，研究经费急剧增加，科研文化前所未有地主宰着顶尖大学，前100所大学成为世界科学和学术的重镇。但到20世纪70年代中期，美国高等教育走到了一个拐点。比如，大学面临严重的财政问题，政府因经费投入的增加而加强了对大学的管控，学生要求参与学校管理的激进主义活动频繁，媒体和公众对大学事务表现出前所未有的兴趣，媒体对高等教育的报道经常是负面的，教师的精神面貌出现滑坡，学生人数持续增加导致学习条件恶化、与教师接触的机会减少，高等教育机构自身迷失方向，变得沮丧气馁，等等。这一阶段持续了 20 多年，被称为美国高等教育"充满麻烦的时代"。历史常常有惊人的相似。今天我国的高等教育状况尽管同美国那个时候的情况有所不同，但却有几分相似。比如，大学面临的财务困难，媒体对大学的种种负面报道，老百姓对高等教育的高度关注等。而且，我国的高等教育目前还有美国在"充满麻烦的时代"不曾有的突出问题，比如，高校领导和中层干部频频因腐败问题出事，学者甚至学术带头人频频因学术不端、学术腐败曝光。总之，市场对大学的冲击近年来表现得非常明显，权力和金钱猛烈震撼着大学这一世袭的金字塔，腐败或学术不端现象如抄袭、舞弊、代考、作刀、卖考卷、权学交易、课题学位交易、贪污、受贿等，在不少地方不同程度地存在。我不敢说我们处在一个"充满麻烦的时代"，但至少也是处在一个充满矛盾的时代。大学现在成了高危地带。我们高等教育机构，在大学工作的每一位教职员工，要对这样一个时代特征有清醒的认识，要头脑清醒，方向明确，目标坚定，处变不惊；要洁身自好、廉洁自律、反腐倡廉、独善其身。不然，大学和个人都会陷入被动和尴尬的境地。❶

三、理论力

黄进校长上任中国政法大学校长后不久，立足于中国政法大学的发

---

❶ 源于黄进校长的讲话稿。

展实际与定位定型，提出了"五个大力"的理论。正如他所说：

> 明确发展思路，解决突出问题，创新体制机制和促进科学发展。而其中明确发展思路是基础，解决突出问题是重点，创新体制机制是关键，促进科学发展是目的。为了推动法大的科学发展，我在2010年的教代会上曾提出，基于法大的实际，在"三步走"（其中第一步是在2002—2009年完成"四大任务"、实现"四个转变"；第二步是在2010—2016年初步建成高水平研究型大学；第三步是在2017—2022年巩固整体实力，全面深化开放，实现学校的总体发展目标）的总体发展战略指引下，法大在今后一段时间内主要从五个方面去开展工作，即大力加强学科建设、大力改善办学条件、大力推进开源节流、大力深化依法治校、大力构建和谐校园。可以简称为"五个大力"。要把"五个大力"的内容进一步细化和具体化，并结合学校的工作分别来推进。❶

维特根斯坦说，"思想是事实的行动逻辑"❷。理论和思想源于实际和实践，黄进校长"五个大力"的治校理论完全是对中国政法大学实际的把握与审视，看上去很朴素的理论思想，恰恰是最具有生命力和接地气的理论思想。

四、思想力

黄进校长的思想力可以通过他对"培养什么样的人"这一问题的思考阐释中彰显。正如他说：

> 法大应该"培养什么样的人"的问题，尽管党和国家的教育方针已作了总体要求和回答，但我们法大还必须对这一问题做出有特色的回答。我想，我校应该通过推行五类教育，即素质教育、专业教

---

❶ 源于黄进校长的讲话稿。
❷ 肖川. 教育的智慧与真情 [M]. 长沙：岳麓书社，2005：8.

育、通识教育、全人教育和精英教育来实现法大的人才培养目标。

具体来讲，这样的人才培养目标可以用一句话"培养人格健全的人"来进一步解释。黄进校长进一步说道：

> 从冯友兰先生关于教育的一句话说起。冯先生认为，教育的价值应当是使学生"先成为人，成为真正意义上完善的人，再成为某种人，某种职业的人"。冯先生这句话讲得再明白不过了，教育的目的在于促进学生自由而全面发展，促进学生健康成长，让学生成为完完全全的人、健健康康的人、正正常常的人，也就是人格健全的人。要实现这一目的，在大学期间仅仅进行专业学习训练是远远不够的。所以，法大竭尽全力推行"健全人格教育"，或者说"全人格教育"，希冀把学生培养成为"人格健全的人"。❶

> 法大是一所法科强校，被誉为"中国法学教育的最高学府"，无论学生是法学生还是"非"法学生，具有法治精神是学生共有的特质。但要成为冯友兰先生讲的"真正意义上完善的人"，或者说"人格健全的人"，仅有这个特质是不足以称之"人格健全"的，还需兼备人文情怀、科学理性、创新潜质、实践能力、批判性思维和社会责任感等品质、品格。抑或，当学生真正成为"人格健全的人"，这些培植于学生心智中的品质、品格方可谓之"健全"。

> 成为"人格健全的人"，甚至只是成为"某种职业的人"，大学课堂极尽其力而能实现的仍只是有限。故此，每一个法大学子都应当在专业教学的内外尽量多读书、读好书，努力增长知识、开阔眼界，努力别除混沌、狭隘和蒙昧，增长智慧，同时着力提升自己的学习能力。学习在本质上是开放的，没有任何力量可以把一个人的修习、成长局限在所谓的某个专业，限制在今时今地。法大当然不乏能照亮学生发展成长之路的大师、名师、良师，但我们深知这样

---

❶ 源于黄进校长的讲话稿。

的光束只是引领照耀学生前行之途的智慧之光的一道。而在图书馆的书架上，踞有无数道曾划破人类蒙昧暗夜的闪电，这些光，不曾泯灭地指引过我们一代又一代先辈、师长、学长，并也确曾成就过无数希冀成为而终究成为的"真正意义上完善的人""人格健全的人"。上大学本来就是读书。我们应以书为友，我们须以书为友，读书应成为我们终身的习惯。书籍于我们，正应如空气、阳光和水。

五、实践力

黄进校长的"实践力"可以从其大力改革中国政法大学的行业性人才培养模式之中得到彰显。正如他说：

> 行业部门在行业性大学的特色发展中还可以发挥切实的作用。最大的作用是可以在人才培养和科学研究上与高校互动，增强人才培养和科学研究的针对性、实用性。例如，对于研究生的培养，我们实行"双导师制"，一个导师是校内的，另一个是实务部门的专家。在硕士生和博士生层面，我们都在大力推进"双导师制"，让实务部门有经验、有水平的专家真正参与到我们的人才培养上面来。对于本科生，我们也请校外实务部门的专家来给他们上一些课，请他们做学生实习实践的导师。

> 法大实施卓越法律人才教育培养计划时，我们就在探讨，就培养卓越法律人才而言，法律实务部门的专家，如法官、检察官、律师，可以到法学院系兼上一门课，指导研究生，甚至到大学挂职，做一到两年教授再回去，而学校老师也不能一点实务经验都没有，也可以去法院、检察院等实务部门挂职一到两年，然后再回到学校，这样互相挂职，从师资上互相支持。同时，国家可以拿出经费在全国司法机关挂牌建立法学生实习实践工作站，赋予其指导法学生实习实践的职责。因为法学是一个应用性很强的专业，老师完全

不懂实务是不行的，要将理论与实践结合起来，着重培养学生的能力。这样的人才培养计划有助于我们培养应用型人才。❶

可见，黄进校长在推进中国政法大学人才培养改革的过程中，大力强化实践教学，着力彰显其人才培养模式的特色，这是对中国政法大学依据学校的属性及人才培养任务，把人才培养目标定位于着力培养"复合型、应用型、创新型、国际型"人才的一种实践力的绝佳体现。因为中国政法大学的本科生和硕士生的绝大多数以及博士生的60%左右毕业后都去了实务部门。博士毕业生本来应该做学术，但是中国政法大学的博士生有60%左右去了实务部门。既然中国政法大学培养的学生绝大多数要去做实务，那么，他们的实践能力应该很强，动手能力应该很强，适应能力也应该很强，这样，中国政法大学就在学生的能力培养上下更大的功夫。所以，学生可能在实务和务实上面比其他学校的学生更受欢迎，这就是区别，也是学校的特色。这就是最大的实践力。

六、学习力

黄进校长是中国自己培养的第一位国际私法学博士学位获得者，也获得过中国法学会首届"十大杰出青年法学家"称号。黄进校长除了在自身法学专业领域里著作丰富之外，与教育相关的著作中，有《何以法大》（中国人民大学出版社，2016年版）。该书的内容包括几部分：第一部分，作为中国政法大学校长在开学典礼中对学生的精彩讲话以及以长者的身份对新入学学生的谆谆教诲。第二部分，作为中国政法大学校长对即将离校的毕业生的切切叮咛，言辞恳切，语重心长，对法学青年寄予殷切希望。第三部分，介绍中国政法大学的治学、治校和精彩法大人物。全书表达了立志、修身、治学、育人、法治之道，追求"经国纬政，法治天下""经世济民，福泽万邦"的理想。

---

❶　源于黄进校长的讲话稿。

黄进校长在教育方面的论文有：《主动应对　积极开展国际化教育实践》（《中国高等教育》，2009 年第 5 期）、《中国应对高等教育国际化的法律问题分析》（《武汉大学学报》（哲学社会科学版），2009 年第 1 期）、《中外合作办学基本法律问题探析》（《河北法学》，2010 年第 4 期）、《坚持教授治学　充分发挥高校学术委员会的作用》（《中国高等教育》，2014 年第 8 期）、《世界一流大学建设与一流本科教学的创新——中国政法大学的理念与实践》（《中国高教研究》，2016 年第 5 期）、《以提升人才培养质量为核心　悉力培育造就卓越法律人才》（《中国高等教育》，2012 年第 5 期）、《如何办好中国特色社会主义法学教育》（《中国高等教育》，2016 年第 3 期）、《坚持立德树人、德法兼修　培养高素质法治人才》（《中国高等教育》，2017 年第 10 期）、《培养德法兼修的高素质法治人才　引领中国法学教育进入新时代》（《中国高等教育》，2018 年第 9 期）、《创新法治人才培养机制　全面推进依法治国》（《中国高校社会科学》，2014 年第 6 期）、《卓越法律人才培养的目标、观念、模式与机制》（《法学教育研究》，2012 年第 3 期）、《开展法学专业改革　培养卓越法律人才》（《法学教育研究》，2014 年第 10 期）、《"双一流"建设如何突出中国特色》（《人民日报》，2016 - 05 - 05）等。

七、育人力

黄进校长的"育人力"可以从他对中国政法大学"培养什么样的人"以及怎样推动中国政法大学围绕既定的人才培养目标定位开展建构人才培养制度等架构中得到体现。正如他说：

> 注意培养法大学生的综合素质，包括政治素质、思想素质、品德素质、人文素质、科学素质、专业素质、身体素质、心理素质等，把法大学生培养成为高素质、高品质、高品位的"三高人才"。

要培育出这样的"三高人才"，整个育人的架构需要围绕以下四方面建构，正如黄校长所讲：

我校要确保专业教育。专业教育是旨在培养学生从事有关专业实际工作或专业学术工作的高等教育。大学教育必定是专业教育，没有专业教育就不成其为大学。我们法大要通过高质量的专业教育把学生培养成某一专业领域的行家里手。比如，我们的法律专业教育，就要把法学生培养成复合型、实干型、创新型的职业法律人。

我们要开展通识教育（General Education）或者说博雅教育（Liberal Education）。通识教育通常是指对所有大学生普遍进行的共同内容的教育，其目的是要把受教育者作为一个主体性的、完整的人施以全面的教育，使受教育者在人格与学问、理智与情感、身与心等各方面得到自由、和谐、全面的发展。通识教育和专业教育是高等教育不可或缺的两个方面，两者不是互相排斥的，而应该互为补充，相得益彰。清华大学前校长梅贻琦先生曾有一句名言，即"通识为本，专识为末"。他显然更加强调通识教育的作用。我们法大至少要将通识教育与专业教育有机地结合起来，把法大学子培养成为古今贯通、中西融通，人品高尚、文品高美、学品高雅的博雅之士。

我们要推行"全人教育"。人的自由而全面的发展，是人类社会发展的理想状态。我们要秉承法大"厚德、明法、格物、致公"的校训精神，培养学生在德智体美诸方面全面发展，不求他们成为完人，但求他们成为全人，就是成为完完全全的人、健健康康的人、正正常常的人、全面发展的人。

我们要坚持精英教育（Elite Education）。精英教育就是追求对优秀人才的培养、拔尖创新人才的培养、社会精英的培养。我国现代化建设已进入工业化、信息化、城镇化、市场化和国际化的快速发展阶段，需要培养数以亿计的高素质劳动者、数以千万计的高级专门人才、一大批拔尖创新人才。我们法大在国内有一流的师资、一流的学生，是国内一流的大学，当然要以培养拔尖创新人才为己任，把法大学子培养成社会精英、国家栋梁，今后能为国家和社会做出更大贡献的人。

我想，我们法大如果能够很好地推行素质教育、专业教育、通识教育、全人教育、精英教育，我们的人才培养目标就会定位准确，我们人才培养质量就会有保证。❶

八、决策力

黄进校长的"决策力"可以从其围绕"办什么样的法大"的问题思考上得到彰显。黄校长从武汉大学到中国政法大学任职的时候，就一直在思考"办什么样的法大"的问题。黄校长说道：

我到法大后，在调研和了解实际情况，听取各方面意见的同时，反复研读法大的章程、规划和规范性文件，也在思考办什么样的法大和怎样办法大的问题。实事求是地讲，在我来法大工作之前，法大领导班子集思广益，已对法大的发展目标定位、学校类型定位、办学层次定位、学科专业定位、服务定向定位和培养目标定位进行了系统的梳理，可以说，定位准确、目标清晰。我也非常认同法大在学校定位和办学思路方面的许多深思熟虑的思想成果，比如，我们要始终坚持在长期办学中形成的"厚德、明法、格物、致公"的校训，"学术立校、人才强校、特色兴校、依法治校"的办学理念等。

本着承前启后，继往开来的想法，我想，我们是否可以进一步解放思想，进一步思考一下我们的提法。比如，在发展目标定位方面，我们现在的提法是"把法大建设成为多科性、研究型、开放性、特色鲜明的世界知名法科强校"。但我们能否做些细微调整，

---

❶ 源于黄进校长的讲话稿。

提出"把法大建设成为一所开放式、国际化、多科性、创新型的世界知名（World - class）法科强校"。

我是这样来解释这一提法的：

所谓"开放式"，就是要坚持对外开放，坚持开放办学，立足北京，面向全国，立足中国，面向世界，以优秀的人才和卓越的学术服务于国家的经济建设、政治建设、文化建设和社会建设，服务于人类的和平、文明和发展。

所谓"国际化"，就是要深化教育教学改革，优化人才培养方案，着力培养具有国际视野、世界眼光、国际交往能力和国际竞争能力的人才，同时，繁荣发展学校各学科专业，推进学科体系、学术观点、科研方法的创新，推动法大优秀学术成果和优秀人才走向世界，不断提升法大的人才培养和科学研究在国际上的影响力。

所谓"多科性"，就是要把法大办成以法科为特色和优势的多科性大学，以人文社会科学学科为主体的多科性大学，以各学科都办出自己的特色并逐渐达到国内一流的多科性大学。

所谓"创新型"，就是要把法大办成以创新（特别是以教学和科研的创新）为导向的大学。大家知道，在国外有"研究型大学"和"教学型大学"之分，后来又有了演绎得比较奇怪的"教学研究型大学""研究教学型大学"的提法。这种区分引入中国后常常将许多大学误导，走入重科研轻教学的误区，都提出要把自己建成所谓的研究型大学。所以，我这里没有提"研究型大学"。像法大这样的高水平大学，不可能只搞教学，也不可能只开展研究，她得履行人才培养、科学研究和社会服务三大职能。这三者都很重要，得统筹兼顾，而三者的核心价值取向是创新，即培养创新人才，进行知识创新。所以提"创新型大学"比提"研究型大学"更科学，可以兼顾到三个方面，而且，"创新型大学"必定是"研究型大学"。

所谓"世界知名法科强校"，主要突出法大的建设目标是"有特色、高水平"的大学。"有特色"就是要保持和张扬法科的优势和特色，把法大建成"五大中心"，即中国法学教育中心、中国法学研究中心、中国法学图书资料信息中心、中国国家立法与法治决策咨询服务中心以及中国的世界法律文化交流中心。而所谓"高水平"，高在法大的目标是"世界知名"或者说"世界级"的大学，同时是"法科强校"。

上面，对于办什么样的法大，我提出了自己的一些想法，简而言之，就是要"把法大建设成为一所开放式、国际化、多科性、创新型的世界知名法科强校"，突出了"国际化"与"创新型"。

黄校长在决策力方面基本上都是围绕这个办学目标的思考来推进的。

九、执行力

黄校长的"执行力"可以从他切实引领法大把所有方面的决策都立足于课堂和奠基于教师中得到体现。具体可以从他说的三方面来体现执行力：

我想说的第一点就是"课比天大"。

几年前，我读过一篇关于豫剧大师常香玉的文章，文中提到常香玉常挂在嘴边的一句话就是"戏比天大"，在她看来，演员上了台，戏比天大，哪怕天塌下来，也要把戏唱好，不能有一丝一毫马虎。戏比天大是她一生的职业操守和为人准则。1953年，在朝鲜战场上，敌机狂轰滥炸，行车十分危险，志愿军领导劝她不要去演出，她却表示：戏比天大，那么多志愿军都等着呢，他们不怕，我也不怕！1999年，她要参加国庆50周年的一个演唱会，当时，与她相濡以沫的老伴因病住院，大家劝她别去了。可她说，国庆演出是大事，观众早知道我要去，我不能让他们失望。最终，她怀着对老伴的无限牵挂，满怀激情地走上了舞台。这几年，"戏比天大"这句话一直萦绕在我的脑海，我一直想着这种职业精神对我们教师的启示。现代大学的核心功能是人才培养，教师的首要职责是教书育人，而教书育人最主要、最直接的方式是课堂教学。"戏比天大"对我们教师而言不就是"课比天大"吗?! 因此，要在我们教师中间振臂一呼：课比天大! 希望我们法大教师树立起"课比天大"的观念，那就是深刻认识到给学生上课、教书育人是我们教师的天职; 不能随意调停课; 而且，要敬业就业，言传身教，上好每堂课，讲好每门课。教学，就是教与学的有机结合，它是"教与学的学术"，不仅包括"教师如何教"，还包括"学生如何学"。作为教师，不仅要思考如何教好一门课程，还要思考如何引导学生学会学习。要创新教学方法，通过丰富、精彩的课堂教学激发学生的求知欲望，培养学生的批判性思维、创新潜质、科学精神、人文情怀与社会责任，将知识的力量转化为人格的力量，让学生在课堂上收获理想、收获知识、收获能力、收获智慧，让我们真正成为同学们的良师益友。

我想说的第二点就是"学比海深"。

对于现代大学而言，教学和科研犹如车之两轮、鸟之两翼。作为一名教师，在做好教学的同时，还要积极开展学术研究。我国著名科学家钱伟长曾说："高等学校教学必须与科研相结合，你不上课，就不是老师; 你不搞科研，就不是好老师。""大学必须拆除教学与科研之间的高墙，教学没有科研做底蕴，就是一种没有观点的教育，没有灵魂的教育。"德国哲学家雅斯贝尔斯也曾说过："大学教师首先应该是研究者，……大学教师要指导、激励学生刻苦钻研，最好的研究者才是最优良的教师。"学海无涯，学比海深。学术研究是一项严谨而艰苦的工作，来不得半点虚假和浮躁。我们一定要处理好教学与研究的关系，不能把两者对立起来。在我看来，教学为本，研究为基，两者是相辅相成、相得益彰的。就学校而言，我们要进一步完善教师评价制度和机制，让教师真正能够潜心教学和研究。同时，学校也希望老师们将教书育人和学术研究作为终生志业和毕生追求，把百分之百的工作时间用在教书育人和学术研究上。要始终保持对学术的敬畏之心，"板凳宁坐十年冷，文章不写半句空"。要积极关注和研究重大理论和现实问题，力争出思想、出概念、出理论、出新知、出成果，服务于国家经济社会发展，贡献给人类文明进步，并适时将研究成果引入课堂教学，浇灌人才培养的园圃。

我想说的第三点就是"立德树人"。

教师是很神圣的职业和身份。唐代文学家、思想家韩愈曾说："师者，所以传道授业解惑也。"捷克教育家夸美纽斯也曾说："教师是太阳底下最光辉的事业。"人生在世，一个人总会有多种身份。如果你选择了教师职业，教师就是你特别的社会身份。身为教师，人们对你的要求非同一般，那就是要"学为人师，行为世范"，这不仅是对你学识能力的严要求，更是对你为人师表，在人品德行方面的高要求。作为教师，你首先要立德树人，也就是说，你要修身律己，树立德业，言传身教，培养人才。因为你的一言一行，包括你的思想品质、文化修养、知识水平、精神风貌、治学态度、生活作风及处事方法等，时时处处影响着学生。正如俄国教育家乌申斯基所指出的那样："教师个人范例，对于青年人的心灵，是任何东西都不能代替的最有用的阳光。"既然教师的言行和品质对学生起着如此重要的作用，那么，我们教师就应该无时无刻不敬畏教师职业、敬畏教师身份，严于修身、严于律己，做人要实、干事要实，尊重学生、关爱学生，真正做到春风化雨、润物无声。古人说："经师易得，人师难求。"我们法大教师不仅要做传授知识的"经师"，更要做立德树人的"人师"。❶

---

❶ 源于黄进校长的讲话稿。

十、影响力

黄进校长的"影响力"除了集中体现在前述九个方面的综合能力之外，还体现在带领中国政法大学开展了一些具有影响力的事。

一是强化中国特色社会主义法治理论的指导。把"创新发展中国特色社会主义法治理论体系"重大课题作为"一号工程"，集中优势力量，大力开展研究，取得了阶段性进展。二是强化法学学科体系、学术体系、话语体系、教材体系建设。中国政法大学积极推动法学学科体系建设，加强学科交叉融合，不断优化学科结构。研究制定《中国政法大学一流法学学科建设方案》，统领法学学科建设全局；制定交叉学科、新兴学科培育与建设计划实施办法，加强新兴学科和交叉学科建设；实行"跨学科教研室建设＋跨学科教改项目立项＋跨学科课程开设"的"三跨"教学体系改革。认真做好"世界一流法学学科建设联盟"工作，探索建立中国特色世界一流法学学科建设标准。三是强化法律实践教学。中国政法大学积极完善协同育人机制；积极加强法律实务课程建设，制订实务技能课程建设管理办法，完善实务课运行机制，促进法学知识教学与法治实践教育紧密融合；创新人才培养协同育人模式，与最高人民法院合办法治信息管理专业，合作建立法治信息管理学院，实行"理论＋实务"联席双院长制，培养面向信息化时代的"法学＋信息管理"复合型人才，2017 年 9 月已招收首批 30 名学生；2017 年 12 月，中国政法大学与腾讯公司合作共建成立网络法学研究院，培养网络法学硕士研究生和博士研究生；打破学校和社会之间的体制壁垒，将法治实际部门的优质实践教学资源引进学校，加大校部、校地、校企、校所合作力度。四是强化法学教师队伍建设。学校把 2018 年定为"强化师资队伍建设年"，将国家给学校的"双一流"建设的绝大部分经费用于师资队伍建设。在教育部的大力支持下，与教育部相关司局共建的"教师法治教育研究中心""全国法学师资培训基地"已先后落户中国政法大学，

并已成功举办"全国法律职业伦理骨干教师培训班"和"全国证据法骨干教师培训班"。❶

另外，黄进校长的影响力可以从他的社会兼职中得到体现。他是中国自己培养的第一位国际私法学博士学位获得者，曾任教育部人文社会科学重点研究基地武汉大学国际法研究所所长、武汉大学教务部长、校长助理、副校长等职，先后荣获中国法学会首届"十大杰出青年法学家"称号、"湖北省十大杰出青年"称号、"武汉地区十大杰出青年"称号、教育部"高等学校优秀青年教师奖"、宝钢教育奖优秀教师特等奖，还四次获得国家级教学成果一等奖。兼任中国法学会副会长、中国国际法学会会长、中国国际私法学会会长、教育部高等学校法学类专业教学指导委员会副主任委员、中国法学会法学教育研究会副会长、最高人民法院特邀咨询员、最高人民法院国际商事专家委员会委员、最高人民检察院专家咨询员、国际比较法学会资深会员、常设仲裁法院仲裁员等职。

---

❶ 蒋安杰. 新时代中国政法大学交出一份"法大答卷"——专访中国政法大学校长黄进 [N]. 法制日报，2018-05-02.

第三章

推进大学转型的能力

——北京师范大学校长钟秉林

（笔者与钟秉林校长访谈结束时的合影）

访谈时间：2018 年 1 月 26 日 9：00—11：30

访谈地点：北京师范大学钟秉林教授办公室

访谈方式：面谈

【钟秉林校长简介】男，汉族，中共党员，1951 年 7 月出生，北京市人，留英博士。北京师范大学教授、高等教育研究院名誉院长，英国卡迪夫大学国际副校长。

1977 年于南京工学院（现东南大学）机械系毕业，1987 年在南京工学院（现东南大学）获工学硕士学位，1994 年在英国威尔士大学获工学博士学位，从 1992 年起享受政府特殊津贴。

1996 年 9 月，任国家教育委员会高等教育司司长，2001 年 4 月—2012 年 5 月任北京师范大学校长。2012 年 5 月起至今任中国教育学会会长。

访谈北京师范大学原校长钟秉林之前，笔者是请 2009 年笔者在教育部财务司中小学校舍安全工程办公室锻炼工作时结识的赵应生老师引荐的。赵应生老师是钟秉林校长在北京师范大学高等教育研究所培养的第一个博士。收到我的信息后，赵应生老师很热情地说："找钟校长访谈完全可以。"之后他把钟秉林校长的电话告诉了我，叫我直接与钟校长联系，具体什么时候、什么地点直接联系即可。

第一次给钟秉林校长发出短信当天晚上 9：47，钟校长就给我回复约定了访谈的时间和地点。

就这样，2018 年 1 月 26 日 10：00—11：30，笔者到事先约定的地点对钟秉林校长进行了访谈。以下是简要分析。

一、革新力

钟秉林校长刚刚任职北京师范大学校长的时候，即 2001 年，他就提出"通过 15 年左右的时间，努力把北京师范大学建设成为一所世界知名的有特色的综合性研究型大学"❶。他的办学理念可以提炼成"综合化发展，特色化引领"。在访谈中，钟校长说道：

---

❶ 钟秉林. 北京师范大学的发展和教师教育的走向 [J]. 中国高教研究, 2001（12）：13.

我 2001 年起任北京师范大学校长，2002 年就是北京师范大学 100 周年的校庆，利用校庆这个时机，我和我的管理团队系统梳理了北京师范大学的发展目标定位。当时的总书记江泽民同志出席校庆庆典，北京师范大学的发展成就与发展定位得到了中央与社会的高度认可，也引导学校内部转变发展的思想观念。可以说，从 2002 年开始，北京师范大学的发展目标定位在全校形成了一个高度共识，之后的 10 年时间一直是围绕既定发展目标来发展的。时至今日，学校的发展历程中也存在一些坎坷，但这一目标一直是坚定的，能够清晰地引领北京师范大学的发展。最有力的证明是从 2002 年以来，北京师范大学的发展在国内与国际高校的位次中得到了鲜明的提升，这也是我担任 12 年北京师范大学校长最满意的一点。

访谈中流露出了钟秉林校长在很大程度上对自己办学治校中革新理念的自我肯定和自我评价，也折射出学校内外对钟秉林校长这个革新理念实施效果的认同。

二、阐释力

钟秉林校长对影响办学治校中有阻碍的最大的问题认识和阐释可以用四个字概括："知易行难。"他在访谈中说道：

引领一所大学的发展，最大的特征是"知易行难"，"知行合一"更难。要把办学思路、观念和理念融入大学发展实践之中是需要一个过程的，尤其是像在北京师范大学这样文理学科见长、文科优势突出的大学，作为大学校长"没有想到"或者"没有看到"的方面并不多，而一些可能"没有做到"的地方是存在的。围绕既定的发展目标推进学校发展的过程中，有些时候的推进速度、改革深化的力度可能是没有达到预期的，甚至在某些环节还有遗憾。办学治校中，转来转去无外乎就是这样几件事——发展理念、目标定位、人才培养模式、质量保障、学科建设、科学研究、治理结构与体制机制、人力资源保障与建设、校园文化建设、物质资源的保障。不管大学是什么类型，是在什么地方，是什么层次，都是这些事情，这些都想到了，也都看到了，但是要把所有方面都做好是不容易的。

之所以存在这样的问题，是因为20世纪末期与21世纪初期的那一段时间里，是中国高等教育师范教育转型发展的关键阶段，面临"教师教育向综合化、专业化、一体化的转型，传统的师范教育模式必须转变。从某种意义上说，正是教师教育的转型导致师范院校必须转型。面对挑战，师范院校要做的事很多，首先就是通过内在的改革，提高综合办学实力，实现自身的转型"。❶

三、理论力

钟秉林校长的"理论力"可以从他围绕21世纪的中国高等教育师范教育怎样发展的问题理解上概括而出，其理论体系可以概括为"多元化的教师培养体系"。

北京师范大学在实现学校战略转型，建设综合型、有特色、研究型的世界知名高水平大学的过程中，为进一步强化教师教育特色，从理论和实践方面进行了艰苦的探索。第一，1999年，学校研究制定"4+X"教师培养模式改革方案。通过选择和分流培养，改革单一的四年制本科教师培养模式，形成包括"4+0""4+1"的培养模式；第二，2000年起，大力推进在教育学、心理学等学科专业开办教师培养辅修——双学位项目，在综合大学培养环境中为学生习得教师教育课程提供多重选择；第三，2001年起，开始在本科生高年级实施"4+2"教师培养模式改革的实验；第四，2003年起，设立教师教育模块课程，为学生获得教师资格证书创造条件；第五，改革教学计划，构建了"基础课程"

---

❶ 钟秉林. 教师教育的发展与师范院校的转型 [J]. 教育研究，2003（6）：24.

"桥梁课程""实践课程""教育科学任选课程"和"学科教育任选课程"5大类的教师教育课程体系。经过几年的改革实践，初步构建起了适应社会对教师多样化需求并尊重学生多样化选择的多元化的教师培养体系（见图3－1）。❶

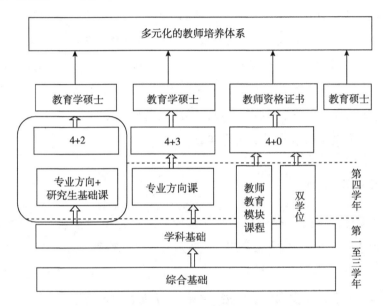

图3－1 钟秉林校长多元化的教师培养体系理论

四、思想力

钟校长的思想力是符合高等教育根本发展规律的"认识论"的。在其认识判断之下，北京师范大学是立足于培养高质量的教师来教育人才的，在这个角度上看，钟秉林校长的"思想力"有"适应论"的理论特征。

钟校长在访谈中说道：

---

❶ 钟秉林. 创新教师培养模式，构建多元化教师教育体系 [J]. 中国大学教学，2005 (11)：13.

高等教育进入大众化阶段以后，我国高等教育的主要矛盾就从"上大学难"转变为"上好大学难"，社会发展和人民群众对优质高等教育的需求日益增长，而优质高等教育资源供给严重短缺。我国高等教育发展方式正在从以规模扩张和空间拓展为特征的外延式发展，转变为以提高质量和优化结构为核心的内涵式发展。经济社会和科学技术以及全球化等教育外部发展环境的变化，教育诸影响因素之间的相互作用和制约，以及不同教育利益相关者的利益博弈，使得高校内涵建设任务更加繁重，教育决策难度明显增加，教育改革推进更为艰难。要应对新的挑战，关键是要回归大学本质，遵循大学发展和教育发展的内在逻辑。

五、实践力

钟秉林担任校长的 12 年，是北京师范大学从 20 世纪末到 21 世纪初自"师范教育"向"教师教育"转型发展的关键阶段，从北京师范大学这 12 年的发展业绩与其在中国大学中的地位来看，这 12 年是靠北京师范大学上上下下切实的实践发展支撑的。正如钟校长说：

在北京师范大学做了 12 年的大学校长，用一个词语来概括自己，那就是"奉献"，奉献了 12 年。在这个奉献之中，如果要说有什么成绩，主要从两个层面来讲：一是看得见的成绩，即物质化的一些东西。楼盖起来了，校园环境有所改善，硬件设施有所改善。但最重要的是看不见的一些东西，作为校长最重要的是把自己办学的理念、办学的思路，较好地体现在学校的发展目标定位上。这个办学目标定位，从大学内部来讲，能够在全校师生中形成一个高度共识，从学校外部来讲，能够得到政府与社会的重视、支持。从自己 12 年的北京师范大学校长的经历来看，把之前存在的一些有争议的办学目标定位厘清了，当然，这主要是整个领导班子共同努力的结果，而不是我个人的成绩，我在这个过程中只起到了一定的作用。

不管是物质化的成果，还是非物质化的成果，都是实践的结晶，这个实践结晶中凝聚着钟秉林校长12年的心血与汗水。

六、学习力

众所周知，大学校长无疑是学术精英，不管是成为校长之前还是成为校长之后，大学校长要想治理好大学，必须经常处于学习状态之中，这样的学习不管是学术专业的学习，还是管理方面的学习，都无一不体现出其校长的学习力。钟校长的学习力也就是在这样的过程中得到体现的。正如访谈中他说：

在比较年轻的时候所学的专业，奠定起来的一些价值观与世界观，到走上了不同的管理岗位经过磨炼之后回头来看，很多东西之间是相通的。从学术与学科专业训练来看，自己长期从事工科研究和教学，学科性质决定了不能单干，需要有一个团队，在这个团队进行科研教学的过程中，培养起了自己的团队意识和与团队攻坚克难的价值观。以团队的形式进行科研工作，就要去对相关人员进行协调和组织，就要去进行资源配置，发挥好团队精神，调动团队做好科研工作，这些奠定好了自己从事管理工作的一些基础。到了校长岗位上，所做的工作也就是协调组织人员、搞好班子团结、进行资源配置等工作，形成合力。另外，如果没有在教育部高教司那5年的司长经历，我是不敢到北京师范大学当校长的，5年高教司司长的经历使自己全面了解了高等学校的运作与运转，自己也对全国不同地方的高校进行了深入的调研，对不同层次、不同类型的高校调研之后，写了很多调研报告，发现了很多发展规律，也把握了这些规律，如果不了解这些情况，是不敢当北京师范大学校长的。所以有了这些学习基础，来到北京师范大学当校长之后，我提出北京师范大学不能仅仅与全国的师范大学来比，而要与全国的综合大学和其他类型大学来比，这些工作格局的打开都得益于自己任职校长之前的工作经历和学习经历。

另外，当一个人自身埋头苦学与扎实苦干之后，有一些东西是水到渠成的，有一些收获是一个人潜意识之外的，这也是"学习力"的结果。钟校长还说：

> 每一个人的生活经历都不一样，能不能从一个人的生活故事之中找到一些共性的东西不好说，但是从我的生活经历与生活故事来看，时至今日，我也从来没有想过自己要成为一名大学校长，现在讲的职业生涯发展规划，由于时代的局限性，我之前并没有认真想过。自己在以前平时的生活与工作中，与父母亲交流也好，与同事、学生的交流也罢，都顶多只是提及以后的职业理想或目标是当好一名老师、成为一名工程师、成为一名科学家之类的，但是从来没有想过要成为一名大学校长。我毕业留校工作当老师、读硕士，再到后来有机会去英国读博士，1994 年回国以后内心的理想是做好科学研究，而且那个时候从国外获得博士学位或者硕士学位回国，要找一份理想的工作是很容易的。但学校在我还没有回国时就开始考察，回国之后教育部任命我担任东南大学的副校长。分管本科教学工作，我还是踏踏实实做了一些事情，也了解了校情。两年后的 1996 年，上级又任命我到教育部高教司担任司长，我服从组织安排到北京赴任，为了胜任这份工作，我才真正开始接触教育研究领域。在做好管理工作的同时，也开始开展教育研究工作，积累了一定的学术基础和管理经验，再后来走向大学校长的管理岗位，才开始正式转入教育研究领域，也先后主持了多项国家级课题。

七、育人力

前述解释过，育人力是指大学校长在师资队伍建设与人才建设方面的能力以及建构一系列的举措培养学生的能力。从人才队伍建设的育人力上看，钟校长在这方面体现得很鲜明，他自己说道：

> 人才队伍建设问题是现代任何一个组织都面临的问题，是任何一所大学都面临的共性问题，要想把一个组织发展好，人力资源是第一需求，是一个最基本的保障问题，是一个最大的基础。所以，需要在人才队伍建设上下功夫。在总体上看，教师聘任、考核和职称评聘制度要改革，师德建设要加强，教师培训要重视，工作生活条件要改善，教师队伍结构要优化，年龄结构、学科专业结构、学位学历结构、职称结构、学缘结构、地缘结构等都要优化，队伍建设要分阶段按计划进行，针对问题制订规划、推出举措，扎实推进。要重视中青年教师的培养和高层次人才的培养引进工作。北京师范大学采取的做法是非升即走的改革措施。从 2013 年开始，学校新班子进一步深化人事聘任制度改革，学校很多人才都是没有事业编制的，引进人才都是三年一签，三年以后根据协议的标准来进行评估考核，达到标准就续签，达不到标准不再续签，也就是"非升即走"的做法。

另外，钟秉林校长作为高等教育学专业的博士生导师和硕士生导师，培养了多个博士与硕士。

八、决策力

钟校长在"决策力"方面的体现，可以从他自己对"管理者"角色的定位与认知上看出。他说道：

> 我作为研究者，原本想全身心投入科学研究事业，没有想过要从事管理工作，后来走向管理岗位是时代赋予我的责任，走向管理岗位，我给自己的定位是"奉献者"，基本的工作原则是"不争"。因此，在做东南大学副校长、高教司司长、北京师范大学校长期

间，我任何一种奖项都没有申报过。要管理好一所大学，需要付出心血来思考并进行各方面决策。另外，我给自己的定位是"做实事"，而且做事要能够得到全校上下的认可与接受。可以说，在管理决策和具体的相关工作中，没有发生过角色冲突，也因为如此，我担任了12年的大学校长。虽然组织上信任我，北京师范大学认可我，但我还是决定不再继续担任大学校长。因为在当前的体制之下，担任管理者时间太长，有些方面反而会影响一所大学的发展。我原本想从北京师范大学校长的岗位上"裸退"，但由于我的管理经历、学术基础，也因为自己的学术志趣、组织信任和需要，我就到中国教育学会任会长了。

12年的校长生涯，从中国大学校长的任期来看，是算长的了，但是比起西方大学校长的任期，不算长。这也许是中国的特色与国情所在，钟校长对此有着精准的认识与把握，这也是他"决策力"的一种体现。

九、执行力

从2001—2012年北京师范大学12年的发展实况看，钟校长的执行力是显而易见的。这可从以下他说的两个侧面看出。

在几年具体的管理工作中，最具有挑战性的任务应该是学校的发展目标的定位问题。要让学校发展目标定位明晰，内涵清楚，在全校上下达成高度共识，大家围绕这个目标去开展工作。至于围绕目标抓落实是属于工作操作层面的工作，作为校长要在围绕学校发展目标定位这个宏观层面把握住，从宏观上确定工作落实与推进是否具有一套符合既定发展目标的规章制度，以及具有执行决策的人力资源，其他成本与细节层面的问题交给其他人与其他部门去做。目标清楚了，就能够很好地带领一帮人朝目标前进。

拓展经费投入渠道的能力也可以凸显大学校长的执行力，钟校长在这方面也是典型的代表，他说道：

> 投入不足，资源短缺是永恒的问题。就是清华大学与北京大学，办学经费预算达到两百亿也会感觉经费不足，这是普遍现象。在办学中，为了弥补经费的不足，需要两条腿走路，一是从政府渠道争取资源，二是从社会单位拓展经费投入渠道，包括校友资源。当然，作为师范大学，长期以来培养的主要是师范类的人才，培养的人才大部分从事教育工作，从事企业研发、成为企业家的校友较少。随着学校转型发展，以后培养的人才类型更加多样，再过十年可能会有变化。同时，提高有限资源的利用效率，就是开源节流。但这个过程中，作为大学校长需要舍得投入精力与时间，需要有一种坚忍不拔的毅力。不管是从政府还是社会寻求资源，都需要有合适的理由获得相应的经费投入，尤其当前中国不太具备大学经费募捐文化的土壤，在当前的经济基础条件下，这是有难度的。有些社会企业与相关个体不太愿意把钱捐赠、投入到教育事业，因为毕竟投资教育获得回报与效益的时间太长，加之我们目前还缺乏学校与社会企业联动的一些机制，也影响到企业与企业家投入教育的积极性。

十、影响力

钟秉林校长的"影响力"可以从他对大学校长职业特殊性的认识与践行看出，他在访谈中说道：

> 大学校长从通俗易懂的层面来定位的话，首先，是一个管理者，管理工作是第一位的，需要具备最起码的管理能力，这是做好大学校长的最基本的素质。其次，大学校长管理的是一个学术组织，诸多学术问题糅和在一起的、具有复杂性的组织，这需要大学校长具有一定的学术造诣。因此，大学校长在不耽误管理工作的同

时，有余力时要兼顾做一点学术工作，懂得学术发展的规律与问题。虽然大学校长要把主要精力放在管理与办学治校的管理工作上，但是不能彻底把"学术"这个大学发展最核心的东西丢掉。在学术上保持一定的造诣，有助于了解学校的最基本情况。包括基层的教师与基层的学生的发展情况，保持对学术生态的熟悉与了解，可以直接从一线的教师和学生层面把握好学校的发展命脉。因此，我除了首先是一个管理者之外，最本质的角色是一个教师，我也指导高等教育管理专业的硕士生与博士生，这有助于自己最直接地了解学生。另外，大学是一个知识分子云集的组织，从学校领导班子成员到诸多中层干部，其学历都是博士学历。作为校长在开展教育工作与管理工作的过程中，不脱离学术，甚至保持一定的学术造诣，有助于与这些高学历的知识分子交流沟通，有共通语言，在交流中才充满底气。最后，学校的学科建设、科研工作的推进、人才培养模式的改革等工作，作为校长懂得学术，才能把这些工作做好，才能推进。所以，概括而言，大学校长最能够影响他人的地方是具备特定的管理能力、具备一定高度的学术造诣、不能耽误作为校长的管理工作但是可以耽误自己的学术工作、具有大局意识、把握好学校最核心的发展方向。这些决定了大学校长是不易做的，大学校长的影响力需要有一个产出的过程。

在与钟秉林校长交流的整个过程中，从他的描述中、眼神里流露出来的是一种坚毅、执着。在他这种坚毅的品格引领之下，钟秉林校长12年的校长生涯，对北京师范大学的发展是有突出贡献的，而且在很大程度上是具有转折性作用的贡献。

架构大学方略的能力

——青岛大学校长范跃进

（笔者与范跃进校长访谈结束时的合影）

访谈时间： 2017 年 12 月 16 日 11：00—12：00

访谈地点： 山东省济南市联勤宾馆迎宾楼 1209 房间

访谈方式： 面谈

【范跃进校长简介】男，1958年8月，山东冠县人，中共党员，法学博士，经济学荣誉博士，二级教授、博士生导师。1996年9月—1998年8月，任山东工程学院副院长；1998年8月—2002年4月，任淄博学院党委副书记、院长；2002年4月—2007年3月，任山东理工大学党委书记、第一副校长；2007年3月—2015年7月，任济南大学党委书记；2015年7月—2018年3月，任青岛大学党委书记、校长。

访谈青岛大学校长范跃进之前，笔者是请济南大学教育与心理科学学院的党委书记王希普老师引荐的，王希普老师还兼任济南大学高等教育研究院副院长。笔者与王希普老师结识是在2016年11月，因他们高等教育研究院要招聘人才，笔者与在该高教院工作的张继明博士（2011年攻读博士学位期间在华中科技大学开会时结识的）认识，经张继明博士介绍，王希普老师希望我能够去他们高等教育研究院工作，所以打电话交流了一些问题与信息。因此结识了王希普老师，之后一直与王希普老师保持联系。

原本是请王希普老师帮忙引荐济南有关高校校长访谈的，但是王希普老师建议我访谈青岛大学的范跃进校长（2007年3月—2015年7月任济南大学党委书记）。他说，范跃进在任济南大学党委书记期间带领济南大学走上了一条高水平发展之路，至今对济南大学都有很大的影响。据资料显示，从1996年开始，范跃进任过多所山东高校的主要领导，其中，任济南大学党委书记的时间最长，长达8年。据报道，他出任青岛大学书记、校长时，组织对他的介绍是：先后在5所高校工作，在4所高校担任正职近20年，党性意识强，领导经验丰富，驾驭全局、谋划发展能力强，对高等教育规律认识把握到位，思想作风正派，坚持原则，处事公道，团结同志，严于律己。

故王希普老师建议我访谈一下范跃进校长，我欣然接受王希普老师的建议。

另外，因为王希普老师生活在济南，范跃进校长于2015年7月任青岛大学党委书记和校长，隔着一段距离，因此，王希普老师利用2017年召开山东省高等教育学会换届会议以及2017年学术年会的会议之际，专门与范跃进校长预约在会议中利用一点时间接受我的访谈。王希普老师事先通知我去参加他们的会议，于是对范校长进行了访谈。以下是结合访谈内容进行的简要分析。

一、革新力

范跃进校长的"革新力"从他在多所大学担任20年主要领导人的经历及其影响中可以看出，他在任何一所大学都革除一些旧的，创造一些新的东西。正如有人这样评价：

> 他思维敏捷，谈吐睿智，气质儒雅，平易近人，有着山东汉子所独具的爽朗与坦诚。在多年的高等教育管理工作中，他不断总结经验，深入研究思考，将高等教育理论与工作实践紧密结合，先后提出了一系列关于高等教育改革发展的新理论、新思路，形成了推进高校内涵建设、科学发展的独特的治校方略，在高等教育管理方面取得了显著成就。❶

从笔者对范校长的认识与理解及访谈中，他的革新力可以概括为"差异化发展和特色化发展"的理念。他风趣幽默地结合自己的名字说道："办大学不能贸然'跃进'，一定要找到一所大学差异化和特色化的点。"他在青岛大学担任书记与校长期间，主要围绕以下几个方面开展办学治校的，他认为：

> 大学之大，在大师之大，在学问之大，在大气之大，在胸怀之大，在情怀之大。一流的文化、一流的精神、一流的教师、一流的

---

❶ 张韦韦. 范跃进：在担当与创新中前行 [EB/OL]. https：//www.xzbu.com/9/view - 6523859.htm.

学术、一流的学生、一流的资源、一流的治理，综合起来才是真正的一所一流大学。

国内高校当中，我比较关注的是中山大学、苏州大学、深圳大学。中山大学始终坚持"大学是学术共同体""教授就是大学""善待学生"三大核心理念，这几年发展很快；苏州大学、深圳大学和青岛大学同属地方院校，是地方高校中发展最快的学校，他们坚持以高层次人才的引进和培养作为提升整体办学实力的重要抓手。解剖中山大学、苏州大学、深圳大学三所高校得出的结论为：人才是首要因素，而引凤来栖需要平台也需要金钱，"人才"和"钱财"是大学校长的"鸟之两翼"。2015 年中央深化改革领导小组会议后，青岛大学提出三个"一流"的概念：一流本科、一流学科、一流大学。"十三五"期间，青岛大学的战略重点是前两个"一流"。目前青岛大学离一流大学还有段距离，这个要符合规律，不能像我的名字一样贸然"跃进"，根据差异化发展和特色化发展的理念，建立起一批一流的学科是可以做到的。

二、阐释力

范校长之所以在多所大学担任主要领导人期间都具有一定的革新力，就是因为他首先对每一所大学发展中存在的问题进行了深刻的诊断与思考，充分结合一所大学的实际办学治校。他对每一所大学存在问题的诊断和思考可以从以下几方面看出。他的"阐释力"主要在以下五方面的问题认知中体现。

第一，针对干部成长逻辑下怎么产生教育家型大学校长的提问，访谈中他说道：

我们的大学是党领导下的中国特色社会主义大学，大学必须完成党和国家赋予的使命。大学的办学目标、办学方针、办学举措，各级党委政府都有明确的要求，作为大学校长，最主要的任务是把党和政府的这些要求结合一所学校的实际落到实处。每一所大学怎么定位，政府在一定程度上都框定过，没有多少大学校长自己的空间。校长在既定的政策与定位之下，能够结合学校的实际创造性地开展工作，在一定的范围，能够办出特色，办出水平，这就是非常优秀的大学校长了。虽然有关文件要求大学校长要成为社会主义政治家与教育家，但现在大学中没有人敢称自己是社会主义的教育家，说实话，现今的大学中可能真没有这种水平的大学校长。中国大学校长到现在为止，其成长发展还是按照"干部"成长的逻辑与要求进行的。认识与研究中国大学校长，需要放在中国的特定国情之中，中国大学校长都是有行政级别的，都属于行政层级的一分子，行政层级的特征是命令与服从，用行政层级框着大学校长，在很大程度上缺少个人的办学愿景与行为空间。这是一个我们在现代大学治理体系和治理能力建设进程中一个特别需要审慎改革的问题所在。中国目前没有大学校长职业化的市场。"十三五"教育规划中说的要"打造一批大学校长"，这怎么打造？校长要成为教育家，有自己的成长规律，规律是不能打造的，如果大学校长没有其成长的一个职业市场，这个职业市场中不能形成一种淘汰的机制，它是难以成长出教育家的。如果我们一直按照干部逻辑进行打造，也许可以把一个大学校长培养成一个优秀的高校管理者，但是难以成为教育家。我认为，中央提出的取消各级各类学校行政级别，是应该逐步推进的一个问题。

第二，针对大学的学术权力如何不被湮没，如何发挥作用的提问，访谈中他说道：

　　党委领导下的校长负责制是中国大学内部治理体系的核心制度，在这个制度下，大学的决策与执行是同一个团队，是同一支队伍。从效率的视角看，我认为这一制度的优势在于，都是"内部人"，随时可以开会，随时可以决策，而美国的董事会就没有这么便利；决策之后，执行的人员都是决策的人员。同一支队伍既进行决策又负责执行，速度快，效益高。中国高等教育这几十年的快速发展，大学这一治理制度功不可没。仍然从效率的视角看，我认为这个制度有两个软肋——第一，校长与书记的关系问题。长期以来，党委与校长的角色在一定程度上界定不清楚，到 2016 年全国高校思想政治工作会议召开之后，整个软肋逐步得到解决。党委领导是全面领导，党委书记是一把手，校长是首席执行官。这就意味着未来大学的党委书记一定是要懂教育的书记，一定是要懂大学的书记，上级政府在选定党委书记的时候必须慎重。第二，大学的学术权力如何不被湮没，如何发挥作用。大学的学术被弱化，怎么解决依然是一个软肋。导致这个软肋是因为学术队伍不成熟，另外是因为政治权力或者行政权力不愿意把过多的权力交给学术或者说不愿意过多地赋予学术。这就导致大学的学术权力弱化，越是层次低的学校其学术权力越弱化。但是大学毕竟是一个学术组织，未来怎样解决这个软肋是一个重要问题。

第三，针对大学校长怎样从学科专家升华为教育家的提问，他说道：

这个问题主要从大学校长的来源上把握，大学校长首先都是学术精英，这个是毋庸置疑的。从高等教育发展史来看，教育学这个学术背景出身的大学校长比例不大，很多大学校长都是科学家出身。我个人认为，在西方大学体系与背景中，大学校长或多或少是一种具有职业味道的职业，换言之，西方具有能够让大学校长把自己作为校长当作一种事业与职业来做的环境氛围与土壤。学科专家与科学家在这样的一种氛围与土壤里具有朝向教育家发展的因素，这个是西方大学校长能够或多或少成为教育家的一个最重要的条件。一旦具有这个环境基础，相对单一的学科专家与科学家出身的大学校长，就能够转换思维，具有高瞻远瞩与通盘的治校思想与办学理念。当这种思维转换到相对成熟的时候，大学校长自然就放弃了之前自己学科专家与科学家的那些专业与科学研究工作，因为当好校长就是他（她）的目标与事业，把大学这个伟大的组织治理好就是他（她）的目标与事业，在这个环节上转成功了就是一个优秀的大学校长，就具备向教育家发展的通道了。如果在这个环节上转换不成功，那就自然被淘汰，被市场淘汰，被大学教授淘汰，被董事会淘汰。

而在中国，为什么难以实现这个转换呢？主要就是因为我们的大学校长是一个"官员"，是一个"干部"，是一个"行政主体"，这就使市场无法淘汰大学校长，大学教授无法淘汰大学校长，党委会无法淘汰大学校长。另外，中国的大学校长当上校长后，由于没有这些市场与机制，因此他即使当了校长，也不想放弃自己的学科与科学研究工作。中国这些年在政府层面与大学层面一定程度上也意识并试图促使当上大学校长的人就不要再搞专业与科研工作，因为目前来看行不通，或者说还没有真正建立一种类似于西方大学校长的职业氛围。从这个角度上讲，中国的大学校长比西方的大学校长好当，只要听党和政府的话就行，在一定程度上思想太丰富反而不是好事。因为这样，中国很多的地方官员，在政府的通道上难以上升之时，都被安排到大学当党委书记或者校长。进而在考核的时候也就是按照干部考核的标准——德、能、勤、绩、廉的考核标准来进行。大学都是副部级单位、司局级单位与正厅级单位，考核大学校长都是按照行政单位的干部考核标准进行的，每一年都要认真严肃地开展述职述廉。另外，在考核之前，需要与政府签订一个"一岗双责"的责任书，"党风廉政建设责任书"。

第四，针对大学的社会贡献在哪里的提问，他说道：

高等教育的本质属性已决定了高等教育的公益事业性质，绝不能把高等教育产业化，高等教育绝不能以追逐经济利益为根本目的。但是，高等教育不能产业化，并不是说高校的建设可以不讲经济规律，不讲投资效益。教育也是一种投资，办学得遵循经济规律，教育投资必须算经济账。一直到今天，还有人说我们这种做法会导致"今天的大学就是明天的负债企业"现象，存在破产的危险。持这种看法的人，有两个问题没有弄清楚：第一，没有研究这一问题产生的社会、时代背景。如果国家现在有钱投资，不贷款当然最好。但现在的问题是，一方面要实现高等教育普及化，另一方面是国家没钱大量投入到高等教育。怎么办？第二，一所大学的发展关键要看它的社会贡献。如果一所大学增加了 20000 名大学生，这等于使社会上 20000 名适龄青年有机会享受高等教育的权利，解决了 20000 个家庭的子女上大学问题，疏缓了国家和社会 20000 个就业岗位的压力，提高了 20000 名公民的素质，并且以后还会继续这种贡献。一所大学最主要的贡献是为高等教育大众化和即将实现的普及化、人才培养、就业人员素质的提升做出积极贡献，这是大局，是主要的、关键性的。

第五，针对实现从高等教育大国向高等教育强国跨越的制度保障在哪里的提问，他说道：

我国高等教育对科技创新和经济社会发展的支撑作用日益增强，但是无须赘言，我国在治理方面还面临不少问题，其中一个很关键的问题是过度的"行政化"倾向和"官本位"思想制约了高校的改革发展。我个人认为，我们要实现从高等教育大国到高等教育强国的转变，建设真正的高等教育强国，就必须构建起一个具有东方特色、能够引领世界高等教育发展的、具备世界一流水平的教育价值文化和教育制度体系，实现从被动接受国际规范到积极塑造国际秩序的转变，从而进入世界高等教育体系的核心位置。我们要实现从高等教育大国向高等教育强国的跨越，必须要有优于西方的现代大学制度。中国特色现代大学制度的关键词是 16 个字：党委领导、校长负责、教授治学、民主管理。这四句话，实际上已经明确了决策权力、行政权力、学术权力、民主权力的主体。确定这一治理结构，从国家层面到高校内部，都经历了长期的探索，并在实践中日益完善，成为在体制上不同于西方大学的鲜明特色。在这一治理框架下，在领导体制方面，在决策权力和行政权力上，实行党委领导下的校长负责制，党委集体决策，校长及副校长群体执行，这一制度如果发挥得好，应该优于西方大学的董事会领导下的校长负责制。这一制度的特点，一是决策人都是内部人，了解情况，决策便捷，效率高；二是执行群体本身也是决策层组成人员，呈现一体化特点。中国特色大学制度的另一个关键点，就是看能否行使好学术权力和民主权力。如果同时发挥好学术权力、民主权力的作用，我们的大学制度就一定会比国外高校的外部董事会体制更加科学、更加高效，也是我们推进"双一流"建设、实现从高等教育大国向高等教育强国跨越的制度保障，我们应该切实增强制度自信，充分发挥制度的优越性。从大学内部治理的角度看，不同权力主体的权力在不同阶段会达到不同的均衡状态。如果我们把学术事务理解为"学"，行政事务理解为"校"，那么，教授治学、校长治校就是大学治理的有效模式。过去，我们与国内其他高校一样，也存在过度的行政化倾向和官本位思想，对行政权力和学术权力的边界划分比较模糊，在权力归属上不明确。在学术委员会构成上，行政部门、院系领导担任学术委员会成员，不兼任行政职务的教授占的比例很少，导致行政权力代行学术权力，缺乏学术本位的氛围。要建成高水平大学与一流大学，就必须切实尊重学术权力，建立和完善行政权力与学术权力相对独立、相互制衡和相互支撑的运行机制，确保教授参与学术管理的权力落到实处。

三、理论力

范跃进校长在其大学治理的过程中旗帜鲜明地提出了"大学文化理

论"和"学术治理理论",彰显了其"理论力"。

关于"大学文化理论",他说道:

> 大学文化是一所大学赖以生存和发展的根基,大学是通过文化来培养人才的。我自参与高校工作以来,积极推进学校的大学文化建设,因为任何一所大学必须有自己内在的文化内涵,有自己的文化亮点。我认为大学文化是历史积淀和现实环境交互作用的产物,是高校的主体——师生员工在教育、科学、教研、生活的长期活动中共同创造的,既有共性,又有较大差异,每所大学的文化都是以其个性精神和特定物质条件构造的有机统一体。从一定的意义上讲,这种大学文化的层次,决定了大学的水平高低,换句话说,大学与大学之间的本质区别,就是大学文化的差别。没有大学文化的提升,要实现大学办学水平的跨越,是根本不可能的。所以,我始终把大学文化建设作为一项重要的工作。学校教育目的的达成与否及其质量好坏,在很大程度上依赖于大学文化创设的教育环境。大学文化的品位直接影响到教育环境的优劣,进而影响到学校所造就的人才品位。因此,高校管理者要高度重视大学文化建设,增强大学文化建设的自觉性、责任感和使命感。树立"人与文化双向建构"的教育本质观和科学发展观,实现"人文精神"和"科学精神"的统一。对大学文化的建设,我主要从三个层面谈:一是物质文化。大学要构建起富有特色的物质文化,要具备一个育人的良好的物理空间。二是制度文化。文化建设必须靠制度来保证。从制度文化的角度来设计和制定制度,营造宽松、和谐、具有亲和力、充满关爱的制度环境。三是精神文化。它体现为一所大学的价值观,体现为弥漫校园的精神氛围和历史穿透力。这其中,侧重抓住精神文化的外在表现来抓文化建设,成效显著。当然,文化建设不是一年、两年之功,而是在历史发展的过程中不断积累和发展。大学文化既是传承的结果,也是创新的结果。我将为这种大学文化的传承

和创新做出自己的努力，为大学文化的内涵建设贡献自己的力量。

关于"学术治理理论"，他说道：

为什么在过去各高校学术委员会的作用没有得到充分发挥？我觉得，一方面，可能存在不想赋权的问题，因为高校自身对大学作为学术组织的本质属性认识不清，对学术权力在大学发展中的地位和作用认识不清；另一方面，可能存在不敢赋权的问题，因为学术委员会自身建设不强，部分委员学术视野比较狭窄、学术胸襟不大、学术治理能力比较弱。学术委员会在一定程度上成了一部分学科、一部分教授扩大自己地盘，增加自己利益的场所，不能取得全体教职工和学术人员的信任，甚至有人认为，把权力交给学术委员会更失公平。现在，根据章程，新一届学术委员会不仅具有学术咨询的功能，还被赋予了决策、审议、评定的功能，这是很大的学术权力，使学术委员会工作内容更实，可操作性更强。学术委员会要加强自身建设，肩负起职责和使命，本着尊重科学、尊重规律、实事求是的态度，切实提高学术治理水平。可以从三方面来做。

一要有宽阔的胸襟。宽阔的胸襟是一个学者成为学术大师的必备素质。现在网上说，我们已经到了一个没有大师的时代。个人认为，这一代科学家的学术水平并不低，我们没有社会公认的大师，就在于人文的素养、人文的情怀、民族的情怀，在某些科学家身上有所缺失。大师是什么？是道德文章，是道德和文章的统一，是人生楷模和学术楷模的统一。人文情怀、道德素养、宽阔的胸襟是一个学术大家必备的素养。学术委员会是实现教授治学、维护学术主体的重要平台。"教授治学"，就是要求教授"心系家国天下、身传道德文章"，作为校学术委员会委员，要有大局观念、全局观念，学术判断要公平公正，不能局限在本学院、本学科、本人的角度，要站在学校改革发展的战略高度，要站在推动学校学术事业发展的高度，要站在民族兴旺和人类发展的高度来思考问题。如果各位委员只站在自身角度、自身学科角度思考问题，把学术委员会变成学科博弈的战场，就是大家的悲哀，也是学校的悲哀。学术委员会在这方面是要做出楷模的。

二要有宽广的视野。学术视野是学术治理的前提。不尊重学术权力的大学不能称为高等学府，大学的学术权力主要体现在学术委员会对学术事务的有效管理上。学术权力来源于什么？不是来源于校长的授权，而是来自科学真理和专业知识，是由学者们的学术地位和学术威望形成的，实质上是一种学术威望所构成的魅力、影响力和内聚力。恩格斯写过一篇著名的文章《论权威》，他认为，职位只能带来权力，不能带来权威，一个人的品格、知识、魅力才是构成权威的最主要因素。学术委员会的委员需要认真学习恩格斯的这篇文章。要发挥专家优势，严格按照章程，有效发挥在学科建设、教师聘任、教学指导、科学研究、学术道德等学术事务中的审议、评议、咨询、决策的重要作用。学术委员会委员的视野和水平，决定了学校的学术视野和水平。所以，使命光荣，重任在肩。

三要有对学术规律的敬畏。学术规律是科学治理的基础。大学学术事务管理和决策是否成功，是判断大学治理水平的重要标志。学术委员是各领域的学术专家，既要发挥学术专长，又要做学术治理的专家，要研究高等教育发展的规律、学生成长成才的规律、学术发展的规律，熟悉自身专业领域，还要研究其他领域，要成为学术管理方面的行家里手。要带头遵循学术规律，包括学术研究规范、学术评审规范、学术批评规范、学术管理规范，等等。

学术兴则学校兴，学术强则学校强。学术委员会承担推动学校学术事务发展的重要使命，学术委员履职尽责，勇于担当。我坚信，经过齐心协力、共同努力，学术委员会一定能够运行好，能够发挥应有的作用，不断提高治理能力和治理水平，为学校建设国际

知名高水平大学做出应有的贡献！❶

四、思想力

范跃进校长的"思想力"可以从他对大学的认知、对教育家标准的认知与培养人才的认知上彰显。

关于对大学的认知，他说道：

> 大学是一个学术组织，有自身的内在逻辑与规律。教师的发展、学生的成才、科研的进步、文化的创新，都需要较长的周期才能完成。大学的发展历程也是大学精神传承与大学文化积淀的过程。因此，一所大学的发展必须像接力赛一样，一棒接一棒，毫不松懈，砥砺前行。❷

关于对教育家的标准的认知，他说道：

> 要严格界定一个标准是不容易的，因为不同的教育家在不同的时代具有不同的内涵，具有时代性，也就是一个人成长为某个领域杰出的大人物这个过程，有一定的时势造英雄的属性。只不过，从规律与共性这个角度上看，是有一些共通的规律的，最起码要通晓教育规律，通晓人才成长的规律，通晓社会运转规律，通晓大学学术发展的规律，通晓教师成长的规律，能够顺应规律创造适应这些规律的制度环境与文化氛围。通晓学生成长成才的规律，在这些规

❶ 青岛大学党委书记、校长范跃进：发挥学术委员会作用，全面提升学术治理水平 [EB/OL]（青岛大学党委书记、校长范跃进 2016 年 6 月 24 日在青岛大学第五届学术委员会成立大会暨第一次全体会议上的讲话全文）. https：//mp. weixin. qq. com/s? src = 3&timestamp = 1527263567&ver = 1&signature = l4dDHIdUwErQV74PjU95ZpEx5uuOfGGyepH5d4emU86hm1w54ECe HwObjLXcZbU − 76Z1wbWKjo4PMmO ∗ AufB0KYA87j7u5dMo3YtfRSOb1emYi72vVaMg74arm0w1Ih bzv9xX − XAo4IHH1U4tc7hwqoLAWG0VIGiei4CuKFnwwQ = .

❷ 起底新任青岛大学书记、校长范跃进 [EB/OL]. https：//mp. weixin. qq. com/s? src = 3&timestamp = 1527263567&ver = 1&signature = zwaGcjEOH00hw5C − ZxNisgFsQLp4WzNfZLJKesFtQ 2foKDULHQJ2JfMyFMFPAb1P8BkZcoljQlcWBo ∗ pYLSuRG7QXPpQjwD − MP ∗ wU9GZqbWlvPhmGIU wP4yTQleWuNRZTFyc ∗ 7hnpC9WaflZsdSwFg = = , 2015 −07 −14.

律基础上，建构一系列符合规律的框架体系。通晓高等教育发展的历史过程，现在与趋势，通盘把握高等教育要怎样发展，以此规划自己学校的发展。进而提出自己鲜明而独立的思想和治校理念，有自己的一套理论体系，有自己的话语体系，在此基础上具有成功而有效的实践效果。不但是理论家，更是实践家，具有把自己的理念和理论转化为实践效果的能力，具有整合建构支撑实现自己办学理念资源的能力，是一名社会活动家，这样才能被人们当作教育家。

关于培养人才的认知，他说道：

什么叫成才？我个人认为，所谓成才，就是我们的学生经过大学的学习，其素质、知识、能力符合未来社会的要求，符合他们将来工作的需要、发展的需要。学生获得知识、能力的主要途径是我们的课堂、丰富的活动、社会实践、各种竞赛、教师高尚人格的熏陶，这是一个综合培养的过程。

从范跃进校长对培养人才的理解上可以得知，他的思想力是建立在"适应论"的哲学理论基础之上的。

五、实践力

范跃进校长的"实践力"可以从他担任大学主要领导人开始的一些举措中得知。正如有人对范校长所做的专访中说的：

2001 年 3 月，山东省人民政府研究决定，由山东工程学院和淄博学院合并组建山东理工大学。范跃进担任学校党委书记兼第一副校长、学校法人代表，全面主持合并组建工作。其间，他团结带领一班人，迅速、平稳地实现了两校实质性合并。合并组建后，他按照省委、省政府确立的"用 5—10 年时间，把山东理工大学建成省内一流、国内外有一定影响、以理工为主的高水平大学"的办学目标，主持制定了学校学科专业建设、师资队伍建设、基本建设等重要规划，确立了学校建设与发展的基本框架，提出了"以工为主、理工结合、文理渗透、特色鲜明"的学科发展体系，"有所为、有所不为、强化重点、突出特色"的学科建设方针，"汇聚人才、培育团队、成就大师"的师资队伍建设方针以及"教学第一、科研第一、学生第一"的办学要求，有效地激发了全校上下建设高水平大学的热情和干劲。在深化教学改革方面，他领导山东理工大学在全国高校率先实行了以"通识教育与专精教育相结合""强化素质、张扬个性、注重能力"为目标的完全学分制改革，在全国引起巨大反响，受到社会的广泛关注，中央电视台、光明日报等全国几十家媒体予以报道，学校因此被确定为首批国家级人才培养模式创新实验区。

2007年调任济南大学党委书记后，范跃进深入分析高等教育发展的历史、面临的形势和任务，于2008年提出了高等教育全面转向内涵发展的思路，并将"定位、质量、学术、人才、机制、文化"作为高校内涵建设的战略抓手。根据这一思路，他对济南大学的发展进行了系统设计和全面推进。首先，加强顶层设计。在范跃进看来，高校要实现又好又快的发展，首先要给自己一个准确的定位。结合济南大学发展实际，他在科学调研和深入思考的基础上，明确提出了济南大学建设高水平大学的目标和"一二三四"的中长期发展思路。其次，全面深化改革。在他的领导下，济南大学先后启动了干部人事制度改革、后勤社会化改革、教育教学改革、分配制度改革、校院两级管理体制改革等，经过几年的坚持与努力，激发了全校上下的内在动力，在短时间内实现了学校的快速发展。再次，加强制度建设。范跃进认为，制度也是生产力，是管长远、管根本的，要站在形成长效运行机制、保障高水平大学建设的高度来系统推进制度建设。最后，推进大学文化建设。范跃进提出，大学文化建设要抓住三个层面：一是物质文化，二是制度文化，三是精神文化。

在他的带领下，济南大学全校上下的精神面貌很快焕然一新，学校各项事业发展取得了令人瞩目的标志性成绩，综合实力、核心竞争力和社会影响力实现了历史性跨越：继 2009 年实现省市共建之后，2014 年 3 月，学校又顺利成为山东省人民政府与教育部共同建设的大学，实现了办学体制的新突破。顺利通过博士学位授权单位验收，3 个一级学科、26 个二级学科成为博士学位授权学科，化学、工程、医学和材料学等学科进入 ESI 全球排名前 1%，学科的综合实力迈上了新台阶。以优秀成绩通过教育部本科教学工作水平评估，顺利成为山东省首批应用型人才培养特色名校和山东省首批学分制改革试点高校，学校的大部分本科专业进入一本招生，教育教学和人才培养工作实现新跨越。连续获得国家教学成果奖、国家技术发明奖和国家科技进步奖，2013 年国家级科研立项总数比 2007 年增长了 8.5 倍，科研经费总额增长了 467%，科技创新能力有了长足发展。

面对成绩，范跃进非常冷静和低调，他说："我们自己和自己比是有成绩，但和兄弟院校比，我们更应该看差距，我们还没有资格和资本坐在既有的成绩上沾沾自喜，决不能有丝毫的懈怠和自满情绪。"为此，他常常以"青蛙效应""行百里者半九十"来警示和勉励广大干部。❶

在济南大学的离任会议上，时年 57 岁的范跃进更是表现出了感性的一面，淋漓尽致地表达了对济南大学的爱：在济南大学的 8 年 4 个月，是自己人生中非常重要的一程。8 年间，党委一班人，夙夜在公，呕心沥血，精诚团结，奋力拼搏，带领全校师生员工，扎扎实实推进高水平大学建设，取得了实实在在的成绩，得到师生员工、社会各界和上级领导的认可。我为能够在济南大学工作感到

---

❶ 张韦韦. 范跃进：在担当与创新中前行 [EB/OL]. https：//www. xzbu. com/9/view - 6523859. htm.

荣幸，我尽最大努力投入济南大学发展的 8 年，已凝聚成我人生美好的岁月，济南大学也融入了我的生命，永远成为我生命的一部分，我爱济南大学！由于自己的能力不足、虑事不周或者性格原因，在发展过程中也出现一些纰漏，留下了许多遗憾；与大家共事期间，有时批评大家也说了些过头话；岗位和条件所限，有的同志还没有放到适合发挥作用的位置上。无论是错误的批评态度造成的伤害，还是没有人尽其才造成的委屈，希望随着我的离开，都能得到大家的原谅。❶

应该说，在 5 所大学担任主要领导人的办学治校过程中，最让范校长得意的应该是他在济南大学 8 年党委书记的治校过程中的一系列举措与实践产生的重大影响，可以说，其办学治校经历中最辉煌的实践业绩是在济南大学的 8 年里取得的。

六、学习力

关于"学习力"，范跃进校长如是说：

在承担繁忙的党政领导工作的同时，我一直承担本科生和研究生的教学工作。注重教育教学研究，在《求是》《中国高等教育》《教育发展研究》等刊物发表论文 10 余篇。我的教育教学研究成果在我国高教界引起较大反响，中央电视台、《人民日报》《中国教育报》《光明日报》等几十家媒体进行过报道，中央电视台的"名师名校"栏目对我进行了 45 分钟的专访。我"在合并建院中加强专业建设培育学科优势""不分专业招生与学分制教学改革试验研究"两项教学研究成果获省级优秀教学成果一等奖。

---

❶ 起底新任青岛大学书记、校长范跃进［EB/OL］. https：//mp. weixin. qq. com/s？src = 3&timestamp = 1527263567&ver = 1&signature = zwaGcjEOH00hw5C‐ZxNisgFsQLp4WzNfZLJKesFtQ 2foKDULHQJ2JfMyFMFPAb1P8BkZcoljQlcWBo＊pYLSuRG7QXPpQjwD‐MP＊wU9GZqbWlvPhmGIU wP4yTQleWuNRZTFyc＊7hnpC9WaflZsdSwFg＝＝，2015‐07‐14.

尽管身上的行政担子不轻，但范跃进一直坚持从事教学、科研工作。他认为，作为教师应树立三大价值追求："传授知识，培养人才，从中收获欣慰；科学研究，创造新知，从中收获愉悦；独立的批判精神，自由的探索，从中收获惊喜。"

教学中，范跃进善于钻研教学艺术，注重调动和激发学生的学习兴趣。他的课深入浅出，结合实际，以丰富的信息量和精湛的讲课艺术深受学生欢迎。他说，教学的根本目的是为了培养学生，老师的教是为了学生更好地学，教是手段，学是目的。教师要研究掌握教学的方法和艺术，着重在促进学生"学"上下功夫。他坚持开展教育教学研究并取得丰硕成果，他主持的教研成果先后获得国家级教学成果二等奖 1 项、山东省优秀教学成果一等奖 3 项。他关于学分制改革的理论与实践在国内高校中引起较大反响，中央电视台"名师名校"栏目对其进行了专访。

在学术研究方面，他说自己是一个"杂家"：大学四年学的是师范，毕业后一直讲授的是政治经济学，长期从事的是经济学、高等教育管理等学术领域的研究。在经济学领域，他先后主持国家社会科学基金项目 2 项、国家软科学项目 1 项、国际合作研究项目 1 项，在《世界经济》《管理世界》等国内外学术报刊上发表论文 60 余篇，出版专著和教材 16 部，获得第十二届"安子介国际贸易研究奖"优秀论文奖、山东省社会科学优秀成果一等奖 1 项，二等奖 3 项，并担任中国新兴经济体与全球化研究会副会长、中国世界经济学会常务理事、山东省世界经济学会会长、山东经济学会副会长等社会兼职。

他在学术研究方面取得的丰硕成果，源于他对学术的执着追求和发自内心的热爱，"心向往之"而"乐此不疲"。他说："我们这一代人，上过山，下过乡，吃过苦，咽过糠，上小学时就赶上了'文化大革命'，上中学没有学到多少东西，恢复高考后才有机会进入大学。所以，对物质方面的东西不怎么看重，而对读书做学问等精神方面的追求更加注重。"

由于长期担任高校领导工作，能用来读书做学问的时间越来越少。对此，他认为，时间就像海绵里的水，挤一挤总会有的。飞机里、火车上、会议间隙，总会看到他手不释卷的身影。节假日、深夜里，更是他潜心治学的大好时机。范跃进为了求得治学的"清静"，常常晚间或是节假日到办公室看书写文章，负责任的学校保安常常看到他的办公室灯火长明，误以为他忘记关灯而"逮"到他。❶

七、育人力

范跃进校长的"育人力"可以从他引领大学上下建设的全员育人机制中体现。他说道：

> 第一，优秀的教师队伍是育人的主体。课堂教学在大学生思想政治教育中起着主导作用。思想政治教育在课堂中搞好了，其他途径的教育就顺利得多。如果课堂教学出了问题，其他途径的教育就事倍功半。教书是我们每一位教师的任务，而育人是我们的天职。教书是手段，育人是目的，教书是为了育人。广大教师必须在课堂教学中真正贯彻教书育人的原则，在传授知识中挖掘它的育人内涵。那些真正受学生尊重的老师基本上都是既有渊博的知识，又有高尚师德的人；是既注重传授知识，又关心学生成长，教育学生如何做人的老师。高尚的师德是教师人格魅力的源泉，对学生起到春风化雨、润物无声的作用。过去，中国传统文化中有种说法，"一日为师，终身为父"，学生对老师极为尊重。但是现在，大学生尊师已经由无条件尊崇，变为有原则有选择地尊敬。也就是说，学生尊敬老师是有前提的，其中最重要的就是老师的师德。要做一个受学生尊重的教师，就要不断完善自己的人格，提高自己的人格魅

❶ 张韦韦. 范跃进：在担当与创新中前行 [EB/OL]. https：//www.xzbu.com/9/view-6523859.htm.

·67·

力，以心灵感化心灵，以人格塑造人格，以行动感召行动。

第二，优秀的学工人员队伍是育人的骨干。说广大教师是育人的主体，这是就教师队伍的整体而言的。就个体而言，学工干部对学生的成人成才影响更大。因为每一位任课教师的任课时间是有限的，教师讲完一门课后，他接触学生的时间就少了。而辅导员、学工干部从学生一入学到他毕业，整整四年时间，要和学生朝夕相处，他们是学生日常事务的管理者，各种学生活动的组织者，学生成长的指导者，因此对学生的影响最大。这支队伍素质是否高，作风是否过硬，事关学生成长成才的大局。全校各级领导干部，都要支持这支队伍的成长。

第三，优秀的党政干部是做好育人工作的关键。把学生培养成人成才，各位书记院长在培养方案的制定上承担重要的职责。学院能不能形成一个和谐的、宽松的、有利于人才成长的良好环境，主要也靠我们的院领导。人才的成长需要良好的环境，当领导最大的任务是创造这样的环境。

第四，优秀的职工队伍是做好育人工作的保障。我们经常讲"教书育人，服务育人，管理育人"，管理和服务的确具有重要的育人功能。在学生眼里，我们的机关工作人员、后勤工作人员都是老师，我们的工作作风、人格、学识、道德素养都对学生起到润物无声的作用。我们学校的每一位工作人员，都必须清楚地认识到，你的言行，或好或坏地对学生起到示范的作用，我们作为大学的一员，务必要自重。

八、决策力

范跃进校长的"决策力"从前述他在不同大学中的治校举措与影响可以得知，另外，单纯就他在青岛大学的决策来看，是建立一种"参照点决策"的能力。他说道：

与高手过招才能成为高手。标准一降低，满眼都是成绩；标准一提高，满眼都是问题。标准在哪里，发展就在哪里。把短板找准，才能发现问题，奋起直追。2015 年，我来到青岛大学后提出两项对标——国际眼光对标美国伯克利大学，国内对标苏州大学。国际眼光对标伯克利大学，它是目前排名最靠前的公立大学，承担整个加州的公立教育任务。这所世界名校坐落在旧金山湾，而青岛大学坐落在胶州湾，与旧金山湾在同一纬度，有相同的城市环境。国内对标苏州大学，苏州大学由苏州蚕桑专科学校、苏州丝绸工学院、苏州医学院、南京铁道职业技术学院苏州校区合并而成，而青岛大学也由四所高校合并而成。

高校的引进对地方高校来说，短期内是压力，长期看是助力。不与大师为伍，永远成不了大师。要敢于跟高手过招，只有在挑战高手的过程中才能不断提升自身水平，从而成为高手。

城市的发展与大学相映生辉，城市的色彩取决于大学的数量和水平。纽约湾区、旧金山湾区和东京湾区，全球著名的三大湾区之所以具有健全的创新体系，就在于高等教育系统的发达。

在范跃进看来，与上述三个湾区相似，胶州湾具有得天独厚的区位条件。近年来，青岛着眼城市的长远发展，确定了以胶州湾为核心加快建设海湾型大都市的发展框架。通过一系列政策支持，下大力气引进和培育知名高等教育机构，从长远发展来说，此举有利于把青岛打造成为充满活力的创新高地和人才高地。胶州湾也有可能成为第四个全球著名的湾区。与其惧怕"狼来了"，不如思考如何与大学互相打通资源。范跃进说，青岛大学、中国海洋大学、青岛科技大学在崂山是邻居，有助于形成共享生态。目前，三校正在商讨如何打通三方的资源，实现资源共享。三校"现在已经在做的是实验室的开放。三所学校各有侧重，容易交叉出新的东西。海大是海洋优势，我们的海藻纤维实际上就是海洋的东西，而海大研发的海洋药物又与医学结合在一起，交叉往往能产生

有生命力的东西。""把短板找准，才能发现问题，奋起直追。"❶

九、执行力

前述得知，范跃进校长是一个很有执行力的大学领导人。在访谈中，笔者主要从一些侧面揭示其执行力。笔者问及他如何看待"领导是做正确事情的人"这句话时他说道：

> 这句话是理论家造出来的，谁能保证自己永远做正确的事情？没有完人，领导是要尽量做正确的事情，因为领导要把握好方向和导向，要做决策，一旦决策失误，尤其是那些重大的决策失误，一旦错了可能后患无穷。但是做错了事的人难道就不是领导了吗？要辩证全面地看待。

关于在为大学办学资源的争取方面他做过些什么，他说道：

> 在办学治校中，从一定程度上说，自己时刻都处于被挑战的位置上，为什么这样说呢，因为高等教育的经费投入太少，高等教育运转中严重缺乏经费的支撑。这就是最大的挑战，没有钱什么事都干不成。比如，山东省的高等教育中学生平均拨款是全国倒数第一，才9000元/人。

> 另外，比起西方大学，中国大学不具备募捐土壤与文化氛围。没有人赋予社会人权利给大学搞募捐，加之中国社会大众没有多少钱，虽然改革开放40年了，中国社会民间老百姓普遍依然没有钱，老百姓自己的吃穿住用行都是问题，怎么可能具有给大学捐钱的能力。企业没有效益盈利也不能给大学捐钱，即使有一定的效益但是要养活的人太多，是不能给大学捐钱的。因此，中国社会给大学募捐是难以实现的。所以，大学办学经费的来源渠道只有政府的投

---

❶ 郭菁荔. 专访青大校长范跃进：办大学不能贸然"跃进"！［N］. 青岛日报，2017 - 11 -21.

入。到社会上去争取一定的办学资源，主要是通过一些横向课题、横向合作，有偿服务的方式。当前稍微有一点好转的是，很多企业逐渐有了钱，上市公司也越来越多，一些多元化的企业也发展起来了，在一定的财务制度下，有一些企业会在一定程度上给大学捐钱。但是目前来看，得到一些企业捐款的主要是国内的一流大学，因为一流大学有一些优质校友，加上给一流大学捐钱带来的社会效应好。地方大学要有企业与校友捐钱，在一定程度上是天上掉馅饼的事，因为地方大学的校友不具备捐款的能力与条件。因此，中国的大学校长，国家给多少钱，在这一点钱的范围内把一些基本的事情做好。中国的大学，最缺钱的是地方大学，而且地方大学是主流。尽管如此，自己也为所在的大学找到了一些钱。

另外，范校长的执行力可以从他日常所做的主要工作看出。他说道：

> 平常经常想的问题是顶层设计的问题，把办学思路理清楚、把班子建设搞好、中层干部建设好。把这三件事搞好，大学校长的任务就算完成了，不要去管具体的事情，自己当了20年的大学党委书记与校长，从来都是这么想与这么做的。在政府给定的条件下，把自己的大学如何发展想清楚，构建一套较好的致力于这所大学发展的方案。另外，这套方案是全校上下都接受认可的方案。简言之，让自己最繁忙的是三件事——理思路、建班子、抓队伍。把这三件事搞好了，该授权的授权，不要自己独揽，只要不失控的权力都可以授权，不失控的权力再大都可以授，会失控的权力再小也不能授。

十、影响力

综上所述，很清晰地可以得知范跃进校长的影响力了，这里从网上摘录一些话，从另一个层面反映其影响力。

有人评价说："2018年2月，范跃进校长离任了，我担心青岛大学又回到从前那个鬼样子：领导层懒政，贪赃枉法，管理一片混乱，对学生不管不顾"；"范大大是当之无愧的高校救火车"；"从我山理工（我更喜欢叫理工大）到济大再到你青大，高校救火队队长就是他了，哪个学校在他治下不是发展出了一个小高潮?! 在淄博，作为党委书记跟校长姚福生院士一起给理工大奠定根基。在济南，把籍籍无名的济大建成省部共建的知名高校。在青岛，青大发生了怎样的变化你们自己心里有数的"；"是一位很有名的校长书记，实干家，实干兴邦。可惜那么早就退了……"；"在青岛大学身兼两职，翻新宿舍，修整餐厅，建设双子楼，提高教师工资待遇，真乃青大之幸也！"❶

上述这些话来自这些大学的部分师生，他们是范校长在各所大学开展治校工作中的受益者与见证者。范校长的影响力可见一斑。

---

❶ 如何评价青岛大学现任校长范跃进先生？［EB/OL］. https：//www.zhihu.com/question/264729822.

尊重大学常识的能力

——西北大学校长郭立宏

（笔者与郭立宏校长访谈结束时的合影）

访谈时间：2018 年 1 月 22 日 10：00—11：30

访谈地点：西北大学太白校区行政楼 2 楼 220 办公室

访谈方式：面谈

【郭立宏校长简介】男，汉族，出生于 1962 年 3 月，陕西渭南人，1988 年 7 月参加工作，1984 年 1 月加入中国共产党，经济学博士，教授，博士生导师。2004 年 6 月—2006 年 3 月，任西安理工大学党委委员、校长助理；2006 年 3 月—2011 年 3 月，任西安理工大学副校长；2011 年 3 月—2013 年 6 月，任中共陕西省委教育工委委员、陕西省教育厅副厅长；2013 年 6 月—2013 年 12 月，任陕西省教育厅副厅长、厅党组成员；2013 年 12 月—2015 年 2 月，任中共陕西省委高教工委委员、陕西省教育厅副厅长、厅党组成员，省高等教育局副局长（兼任）；2015 年 3 月至今，任西北大学校长、党委副书记。

访谈西北大学校长郭立宏之前，笔者是请自己在南京大学读博士的同学高黎老师帮忙联系引荐的，高黎老师是西北大学外语学院的教授，2011 年考入南京大学师从汪霞教授攻读博士学位，笔者 2010 年考入南京大学攻读博士学位，与高黎老师虽然不是同一级与同一个导师，但是开会上课在一起交流讨论过问题，彼此很熟悉。

请高黎老师联系引荐郭立宏校长访谈，高黎老师欣然答应，说非常愿意帮忙引荐，她是直接把郭立宏校长的手机号码告诉我的，并说与郭立宏校长联系的时候说明一下是西北大学的某某人推荐访谈郭校长的。果然，给郭校长发短信后，郭校长很爽快地回复说愿意接受访谈。在访谈郭立宏校长之前，我已经事先联系了西安工程大学的校长进行访谈，已经到了西安。

我给郭立宏校长发出短信后郭校长给我的回复如下："1 月 22 日上午 10 点到西北大学太白校区行政楼 2 楼 220 办公室。"

就这样，2018 年 1 月 22 日 10：00—11：30，笔者到事先约定的地点对郭立宏校长进行了访谈。以下是结合访谈内容进行的简要分析。

一、革新力

郭立宏校长的"革新力"可以概括为"回归常识，彻底育人"。在访谈中他说道：

作为大学校长，在治校中提出了两个口号："理念要彻底，做事要极致。""理念要彻底"的意思可以从四个层面把握，第一，回归常识。当时的初心与常识就是培养人才，围绕这个常识，大学形成了一个学术共同体，引领一所大学的发展要回归这个常识，但是现在一些大学在很大程度上已经偏离了它本来的常识。所以大学不能犯常识性的错误，大学的常识就是培养人才。第二，抓住本质。大学与研究院所最大的区别就是人才培养，人才培养是大学最本质的工作，在大学是要求从事人才培养的教育者们发表论文、申报课题、开展研究，但是一切都不能与培养人才相冲突，一切都不能耽误培养人才，什么项目的生命力都没有培养人才的生命力强大持久。第三，尊重规律。要明白并遵循教师成长规律、学生成长规律、学校管理规律、教学规律、科研规律、服务规律等来进行办学治校。中国的大学校长很多都是最长任期两届，而要在任期内全面清楚地把握好这些规律，并且在学校的持续性与周期性里治理好学校是不容易的，因此在理念上必须彻底，必须到位，校长要靠"彻底""到位"的理念来管理大学，而不能具体到什么都去管。第四，注重长远。一所大学的发展是体现在其发展的持续性和周期性的，教育和人才培养的最大特征是持续性和周期性，这就决定了在办学中需要尊重一所大学在漫长的持续性和周期性中奠定起来的历史。同时要以"功成不必在我"的心态，接好接力棒，稳步推进各项工作，多做打基础、利长远的事情。同时不能追求一时的发展速度，要摒弃竞争攀比式的办学思维，注重内涵式发展。下面再谈谈"做事要极致"，极致是一种管理战略，需要找到并抓住牵引极致的那些关键事情，即"人"与"财"两个牵一发而动全身的战略极点。要力争尽善尽美，如结合自己所在的大学而言，一直以来，学生毕业进行学位授予仪式，都是在各个二级学院进行，学校仅仅召集一些毕业生代表举行学位授予仪式。我当校长之后要求必须在学校层面给每一个毕业生授学位，从本科生到博士生，利用两天的时间统一进行，校长亲自给每一位学生拨穗授予学位。通过这样的方式让学生认识并接触校长，不能只让校长的名字出现在学生的毕业证书与学位证书上，要让学生接触到鲜活的校长本人，让学生感到被尊重、有归属感。

二、阐释力

郭立宏校长的"阐释力"可以从他对办学治校中存在的盲点的解释得知，他说道：

客观来说，人无完人，应该有盲点，有看不到、想不到的方面。如我到各个院系调研，提意见最多的就是学校层面"一刀切"的政策，不合实际的政策。一直以来，办学治校的盲点受到学校管理重心太高的影响，针对这个问题，自己在管理中进行了权力的梳理与改革，尤其是结合学科建设与二级学院学术事务的问题，充分地授权，重心下移，自下而上的改革，进行政策突破，机制创新，解决共享和特色等问题。如职称评审权、财政预算权、科研评价权、进人招聘权等全部下放到二级学院。要求每一个二级学院结合自己的实际拿出自己的改革方案，学校层面没有统一的改革方案。另外，进行自上而下的改革，要求职能部门提出自己的负面清单，明确自己要改的是什么，有针对性地进行改革。改革的目的在于提升人才培养质量。从 2016 年起学校全面进行改革，把自下而上与自上而下两个方面结合起来。改革过程中存在的问题是，在职能部门与二级学院的改革中，中层干部的能力还需要进一步提升，思想解放不够，各方面认识不到位，这个是改革中的一个盲点吧。凡是改革发展得好的院系，书记、院长、副职与系主任之间认识到位，配合得很好，反之，则不好。

另外，郭校长对目前的一些角色困境的阐释也折射出其对教育问题的认知力，他说道：

> 从主观上看，创造力、创新力、激情不可能是永远持续的，随着年龄的增长，有职业疲劳。客观上，在"放管服"上，政府除了经费投入之外，"管"得依然太多，"放"与"服"得依然很少，在这样的情况下，是存在角色困境的。如上级检查太多。2017 年，上级调研性的、指导性的、评估性的工作达到了 30 次，部委层面、省级层面的指令性的，要求校领导撰写报告的工作达到 27 次，这些工作给大学校长带来了角色困扰，没有更多的时间去好好地思考本大学的发展问题。

从郭校长的言谈中可以看出，郭校长极度想把自己有限的精力投入到有助于推进大学切实发展的事情上去。

三、理论力

郭立宏校长在理论上提出了一套大学的"大小理论"。他说道：

> 大学之"大"，主要是大学之大史（每一所大学都有其光辉的特定历史，要把历史遗留下来的精华结合时代特征很好地发扬）、大学之大道（朴实无华、淡泊名利的品质，包容大爱的精神，是大学之道的生动体现）、大学之大爱（西北大学终身教授、中华全国体育总会原副主席王耀东年逾百岁后还在指导学生进行体育运动。90 多岁的历史学家张岂之坚持写中国优秀传统文化普及文章，坚持给学生做学术报告，坚持去参加学生论文答辩等）、大学之大学者（要有自己具有影响力的学者）、大学之大追求（高瞻远瞩的视野和胸怀，在于将人才培养、科学研究、社会服务、文化传承和创新、国际合作与交流融于高度的自觉行动中）、大学之大天地（有五湖四海的学子，有百家争鸣的思想，有浩如烟海的藏书，有绚烂多彩

的生活。这里的天地可以让一名懵懂少年破茧成蝶，可以让一名孜孜学者百尺竿头，可以让一段佳话传世不朽）。

　　大学之"小"，主要是燃烧自己的"小宇宙"（大学里的每个人都要让自我思维和价值实现的"小宇宙"燃烧起来）、进行自己的小尝试（必须有大胆尝试的勇气、开拓创新的睿智和一往无前的创造）、敢有自己的小坚持（大学生涯规划、通专结合能力培养、未来人生道路的抉择等，不仅需要辨识，更需要始终不渝的坚持）、承担自己的小责任（珍惜韶华、刻苦学习、勇于实践，是大学生的基本责任，责任虽小，但责无旁贷。每个人都是这个民族、这个国家走向辉煌不可或缺的一分子，从这个意义讲，大家都肩负舍我其谁的"小责任"）、绽放自己的小精彩（大学阶段，有人领衔，有人客串，方法不同，形式各异，但都是大学阶段实现自我阶段性价值的"小精彩"）。❶

四、思想力

　　郭立宏校长的"思想力"是"成长论"，围绕"成长论"的观点培养人才，他说道：

　　从西北地区乃至全国的大学发展历史来看，西大都是一个大学发展的先驱，她的历史底蕴以及文化积淀在陕西高等教育格局中是不可取代的。所以对于一个大学生来说，生活在西大，西大的综合性、历史性、人文性的文化积淀，特别是"公诚勤朴"的西大校训所带来的文化氛围是最重要的。作为西大的校长，我也希望大家通过三四年或者更长时间的学习，不仅仅是记住学习书本上的知识、技能，更多的是学习一种思维方式的形成、一种人格的塑造、一种精神的产生。我们希望西大的基因能够植入学生的心里，在未来人

---

❶ 郭立宏. 大学，在大小之间 [N]. 中国教育报，2018－04－12.

生的发展过程中能够对他们产生影响，这是最重要的。这种无形的东西可能是学生毕业之后更加重要的精神财富。

五、实践力

郭立宏在西北大学校长的短短 3 年中，推动了西北大学的综合改革和校院两级管理体制改革，其实践效应是很明显的。他说道：

> 为深入推进综合改革，西北大学专门强化了改革领导小组办公室的配置，由两位校级领导分别担任办公室主任、副主任，以便统一协调处理改革日常事务，落细抓实改革事项。为使改革稳步推进，学校启动了院系改革试点工作，目前已审议通过了生命科学学院、地质学系全面深化改革方案，其他院系也在结合实际加紧制定本单位深化改革方案。生命科学学院全面深化改革方案主要从管理体制、运行机制、人事制度、学科建设、师资队伍建设、科学研究、研究生培养、本科教学、国际化建设、实验办公用房十个方面进行改革，印发了一系列与之相适应的制度。学校将教师职务评审、教师选聘的权力下放生命科学学院，赋予其诸多自主权；地质学系主要从引育世界一流队伍、培养世界一流学生、产出世界一流成果、建设世界一流平台、开展世界一流交流合作等方面深入推进改革，推出了一揽子办法举措。学校同样将教师入职、研究生招生及指标分配等权力交给了地质系。

> 校院两级管理体制改革是一项牵一发而动全身的举措。如何保障管理重心下移后学校层面和院系层面都能各司其职，顺畅高效运转？在这个过程中，学校职能部门需要及时适应院系改革的趋势，不断进行职能优化、流程再造，最主要的就是要提升管理服务水平，对接好院系改革的各项工作。基于此，学校开展了机关效能建设，旨在不断强化管理服务理念、改进工作作风、提升能力水平。与此同时，为解决院系人才的团队建设问题，学校创新机制，先后

设立中国文化研究中心、陕西宏观经济研究院、关学研究院、汉唐文学研究院、玄奘研究院、延安精神与党的建设研究院、科学史高等研究院等一批无行政级别的学术实体机构，实施首席学术专家负责制，真正使学术回归学术本质，让专家有更大的技术路线决策权、更大的经费支配权、更大的资源调动权。❶

一石激起千层浪。院系改革试点实施仅仅几个月，学院的工作就回归了常态，青年教师不再要课抢课，坐回了实验室，专家教授回归了讲台，广大教职员工谋事的氛围强了，做事的动力足了。生命科学学院、地质学系的师生认为院系改革试点使他们放开了手脚，有了更大的施展才华的空间和机会，全院上下呈现出积极健康、蓬勃向上的良好局面。以生命科学学院为例，2016 年和 2017 年，引进和培育青年"长江学者"等国家级高层次人才 7 人，实现了学院国家级人才零的突破，4 个团队进入国家重点研发计划。2016 年度国家自然科学基金申报数（83 项）、2017 年国家自然科学基金项目获准数（24 项）和获准率（35%）均创历史新高。两年共发表 SCI 论文 329 篇，影响因子 5 分以上论文 47 篇，高水平论文数量连续两年超过"十一五"和"十二五"的总和。

六、学习力

郭立宏校长的"学习力"体现在他的整个学习经历中，正如他说的：

自己的专业学术经历对自己当大学校长非常有帮助。自己学术专业背景是经济学，经济学研究的是资源配置的问题，非常有助于自己从事大学校长这一工作。大学最大的特征是搞人才资源的配置，不管是人才培养的问题，还是教师队伍建设的问题，都是资源

---

❶ 郭立宏. 改革就要放权给院系 ［N］. 光明日报，2016－11－29.

配置的问题，有助于使自己在大学校长职业上做到科学化、职业化与专业化。

从教育代表作来看，郭校长的文章主要有《改革就要放权给院系》（《光明日报》，2016 – 11 – 29 第 13 版）、《大学，在大小之间》（《中国教育报》，2018 – 04 – 12 第 8 版）、《推动高等教育优先发展 助力"五新"战略贯彻实施》（《西北大学学报》哲学社会科学版，2017 年第 6 期）等。

七、育人力

关于"育人力"，郭立宏校长自己是经济学方面的博士生导师，他说道：

> 对于学生，我认为不管在什么时候，大学几年都是整个人生成长过程中不可或缺且不可替代的时光。不管是从知识积累，还是从思维方式和综合素养形成与培养上，都是必不可少的。大学虽然在人生整个长河中仅仅几年，但这几年显得格外重要，它和之前经过了十几年的小学、中学生活不同，经过大学几年，再进入社会，它有一个承上启下的作用。对于学生，不管环境怎么变，不管是哪一所大学，从合格公民的人格养成上，都是相同的。所以大家应该了解大学是什么，西北大学是什么，怎么进行治学，在大学要成为一个什么样的人。牢牢把握大学能够带给你的东西，在大学应该学什么东西，始终围绕大学应该塑造一个什么样的人的疑问去学习、去生活，感受大学，享受大学，分享大学给你带来的成功和喜悦，同时经历这个过程，这对未来的人生来说非常重要。
>
> 我认为人才培养不是一个简单的小事，它是个全方位的工程。比如后勤服务就是人才培养的一个很重要的方面。我希望西大的后勤服务，不管是食堂也好，宿舍也好，任何一方面都能让学生老师的学习和生活没有后顾之忧。我们要努力创造条件，让学生快乐地

成长成才。不要让吃饭问题、住宿问题、环境问题分他们的心。学生有什么需求，我们就尽量满足他。比如，为学生开放的 24 小时通宵自习室，学生有这种需求，那我们就提供给他。怎么方便学生学习，方便学生生活，方便学生成长成才和个人潜能的发挥，我们就怎么做。总之，要让学生在西大自由成长，不要让环境成为学生成长的阻力。去年毕业季上我们所做的一切努力，都是认识到学生毕业的过程也是人才培养的一部分，是人才培养的最后一个环节，深刻体现着人才培养的内涵。

每次看着学生们洋溢青春朝气的脸庞，我就仿佛回到自己大学生活学习的美好时光。与学生交流和互动，我感到非常亲切。2016年 4 月和 2017 年 5 月，我先后召开两次学生座谈会，通报学校工作，与 80 余名各院系学生代表进行了坦诚交流，收集到非常好的意见和建议，真切地感受到了广大学生对学校的深厚感情。2016 年 5 月、6 月，我看了学生们在网上写的"料得今年夏更长，装空调，郭校长"的戏谑，我一方面感到学生们的可爱，同时也心情沉重，随后我迅速推动相关部门在较短的时间研究解决空调问题。几年来，学校在学生宿舍、活动场馆、学习环境改善等方面做了大量工作，但离大家的期望还有一定距离。在今后的工作中，我还会不遗余力地推进学生学习和生活条件的改善，同时通过学科专业、教学实践、文化活动、环境氛围，做好全方位的、多角度的培养工作，帮助学生学会学习和成长，让学生更有智慧，更有情怀，更有视野。

这就是郭校长"彻底育人"的实际做法。

八、决策力

郭立宏校长的"决策力"可以从其对当上大学校长的认识以及解决大学运转做好办学资源的平衡问题中得到彰显。

关于当上大学校长的认识，他说道：

> 成为大学校长主要是组织选择的，自己没有想过要当大学校长。从个人看，从组织把自己安排到大学校长这个岗位上后，走着走着就走出了个人的使命感，因为大学校长是一个相当能把自己的个人价值与社会价值结合得好的职业，这两种价值的结合比自己在省教育厅当副厅长的时候大得多。在政府部门，干事情必须要服从上级指令和规定，遵守和执行很重要。你想干什么上级不让你干，只能根据上级指定或规定来做，而大学校长在遵循党委领导下的校长负责制这一大学治理根本制度的基础上，同时也有更为广阔的施展才能和发挥作用的空间，能更好地形成使命自觉。自己的使命——要让自己所在的大学教师更加有尊严地工作，能更体面地生活，结合这个使命，做到奖励高端（院士、杰出青年），调动中坚（大部分教授、副教授），扶持青年（低职称、无论文、无项目、无获奖）。在人才队伍建设上，我提出了"奖励高端、调动中坚、扶持青年"的思路，希望尽量做好大学校长在这些方面该做的工作。

"大学校长可以在很大程度上做到你想干什么就可以干什么"，郭校长从 2015 年 3 月走上西北大学校长岗位以来，所开展的很多事都依据这样的决策魄力。

关于解决大学运转中怎样做好办学资源的平衡问题，他说道：

> 经费不足在一定程度上是影响大学校长治理的一个关键问题。自己所在的大学是怎样解决这个问题的？我提出了"跨年度平衡"的方针，每一年度范围内的收入与支出不一定要平衡，但是上一年度与下一年度的收入与支出要平衡，这样才能较好地应对办学经费不足的问题。结合自己所在西北大学的年度收入来看，2015 年是12 个亿（人民币）、2016 年是 13 个亿、2017 年是 14 个亿，连续三年收入在递增。这些收入主要是靠财政生均拨款、学费、专项经费

和科研项目经费。在支出上，2016 年支出 16 个亿，2017 年支出 18 个亿，支出相对比收入多一些，在预算的时候要做到适度超前，同时用好科研沉淀基金，向外再争取一点资源，从而缓解这个问题。

九、执行力

郭立宏校长的"执行力"可以从他推动的学院改革与权力下放的改革过程中体现。另外，他的执行力体现在其平时用开会来推动工作的过程中，正如他说道：

> 日常最繁忙的工作是开会，难以想象，如果离开了开会这种方式，是否还有其他方式来开展工作。从开会的实际用途看，开会是一种最大的治理方式。从自身作为大学校长以来开展推进的一些改革举措的效果看，二级学院的院长、书记找自己的次数现在变少了，因为二级学院的内部治理架构变得越来越顺畅了，需要校长参与的相关会议变少了，这样校长就相对轻松了。

"二级学院的院长、书记找自己的次数现在变少了，因为二级学院的内部治理架构变得越来越顺畅了。"这个是最大的执行力。

十、影响力

从前述各方面的治理能力来看，郭立宏校长在短短的三年大学校长任职期间就已经从校内外产生了一定的影响力。在访谈中，郭校长声音浑厚，表达轻松自如，信手拈来。

他的大学"大小观"，在央视百家讲坛引起了大家对大学"大"的内涵和"小"的内涵的形象把握与具体思考。

他于 2015 年和 2016 年推动的西北大学校内二级学院的综合改革，理顺了西北大学的内部二级学院的管理体制，切实地促使二级学院在管理育人、学科育人、科研育人方面产生了良好的效果。

　　从郭立宏校长的整个治校理念、治校举措等来看，他高度地继承了西北大学的历史发展理念，遵循作为西北地区历史最为悠久大学的优良发展思路，秉持西北大学"发扬民族精神，融合世界思想，建设西北之重任"的办学理念，围绕"一山"（秦岭）、"一河"（黄河）、"一路"（丝绸之路）、"一家园"（中华民族精神家园）、"一开发"（西部大开发）引领西北大学展开研究和教学，致力于传承中华五千年灿烂文明、融汇世界优秀文化成果，守护中华民族的精神家园。郭校长的办学思路与这一点是充分吻合的。立足于这一点在推动西北大学的发展，可以结合新时代建设"中国文化研究中心"彰显西北大学的影响力，正如郭校长所说：西北大学具备推动陕西建设中国文化中心的能力，我们也愿意积极整合校内资源，尽快形成一批支撑成果，为中国文化中心建设做出自己的努力。❶

---

　　❶　郭立宏．设立中国文化中心 重建中国文化自信——高校要争做中国文化中心建设的先行者［N］．陕西日报，2015－10－16．

领悟大学玄妙的能力

——湖南师范大学校长张楚廷

（笔者与张楚廷校长访谈结束时的合影）

访谈时间： 2018 年 5 月 17 日 15：00—17：00

访谈地点： 湖南师范大学校内张校长家中

访谈方式： 面谈

【张楚廷校长简介】男，1937 年出生，当代著名教育家。数学教授，教育学教授，高等教育学博士生导师，课程与教学论博士生导师。任职经历：1982 年 11 月—1984 年 9 月任湖南师范学院党委书记，1984 年 9 月—1988 年 3 月任湖南师范大学党委书记；1986 年 4 月—2000 年 4 月任湖南师范大学校长；1995 年 8 月—2000 年 4 月任湖南师范大学党委书记兼校长。

访谈张楚廷老校长之前，笔者是请湘潭大学的教务处副处长宋德发老师帮忙引荐的。笔者与宋德发老师结识于 2014 年夏天的某一天，正值我在构思自己的一本书《大学青年教师职业适应力》的过程中，在阅读这个领域里的一些典型文献时，淘到并阅读了《大学青年教师如何上讲台》的书，这本书的作者是宋德发，听上去是一个很喜庆很吉祥的名字。我看书的一个习惯是：当拿到一本书的时候，首先去大概了解一下书的作者是什么样的人，有什么样的学术建树，有什么样的学术经历与学术成长之路，其次再了解所著之书的大概内容是否符合我的阅读兴趣和阅读需要。了解了作者，仔细阅读了这本书，有了一定的收获之后，便在一定程度上喜欢上了这本书的作者。再进而有一股想认识这本书的作者的冲动，于是便查找到了宋德发老师的联系方式，以一种以文会友的态度冒昧地给宋老师打了电话。就这样，以一种先闻其声而未见其人的方式认识了宋德发老师。之后，2014 年、2015 年、2016 年围绕一些问题偶尔通过电话进行简单交流，但是一直没有见面的机会，直到 2017 年 7 月 5 日下午，到北京参与 2017 年中国高等教育国际论坛会议，在参会者的通讯录上互相都看到了彼此的名字，我们终于在北京会议中心大楼的大厅会面了。

在联系张楚廷先生之前，宋德发老师并没有直接把其电话告诉我，而是把张楚廷先生多年来的一个专职司机曾力平老师（一定程度上是张楚廷先生的助理，联系之前并不知道是张楚廷先生的司机，是访谈过程中张先生说起曾力平是他多年的司机）的电话告诉了我。

我给曾力平老师发出短信后很快收到了回复如下："没有问题，您什么时候来长沙，提前告诉我，校长随时有时间。"

于是，2018 年 5 月 16 日，笔者到了长沙。曾力平老师事先与张楚廷先生说好了访谈事宜，预约了时间地点，叫我直接前往。以下是结合访谈内容进行的简要分析。

一、革新力

张楚廷先生的"革新力"可以从他的"大学之道""大学理念""办学真谛"和"治校之道"中得以彰显。正如华中科技大学教育学院教授和中国人民大学教育学院教授周光礼指出的："'人主义'是张楚廷先生一以贯之的大学之道，'让生命怒放'是其一以贯之的大学理念，'培育大学的形而上品格'是其办学的真谛，'建立人道的大学制度'是其治校之道。"❶

在这样的理念支撑之下，张楚廷先生的具体办学理念是"生本位、师本位、消除官本位"。他在湖南师范大学 18 年的主政期间，一以贯之的都是这样的理念。他这样的办学理念是其在长期的理论学习与办学实践之中逐渐总结提炼出来的，是伴随着他对"大学是什么"的问题的长期思考与精准把握而产生的。访谈中，他说道：

> 从 1982 年开始，我主持湖南师范大学的工作，到 2000 年卸任，卸任后 11 年，于 75 岁才退休（2011 年退休）。前后 30 年的时间，这 30 年里做了很多事情。如果用一句最简洁的话来高度概括，那就是，我明白了"大学是什么"。这个问题看似简单，但是很难回答清楚。很多大学校长也许知道自己在大学里生活，也许还知道

---

❶ 刘铁芳，高晓晴. 张楚廷教育思想研究：第二集 [M]. 长沙：湖南大学出版社，2014：22.

"什么是大学"，大学应该干什么、大学应该做些什么、大学应该追求些什么，这些可能知道，但是把问题倒过来一问"大学是什么"就不容易明白了。"什么是大学"，十个有九个答得出来，"大学是什么"，十个可能有九个答不出来。这两个问题是有很大区别的，比如，"什么是教育"与"教育是什么"，理解问题的思维是不一样的；再比如，"什么是人"和"人是什么"，张三李四是人，但"人是什么"，不容易回答。这个变换方式的问题为什么难以回答，是有原因的。"什么是大学"的问题，一般只是从外延和具体的层面上回答，如，北京大学是大学、清华大学是大学、复旦大学是大学、哈佛大学是大学。"大学是什么"的问题需要从内涵上给予回答，能够把这个问题答得清楚极为不易，因为这个问题已经到了高等教育哲学的层面，已经不仅仅是高等教育理论的问题，不一定答得出来。如，历史上有很多人对这个问题虽然或多或少进行过研究，但是却很难回答得清楚，一位是英国的教育家纽曼，他也只回答了"什么是大学"，没有回答"大学是什么"，在他的代表作《大学的理想》里，整篇都没有回答"大学是什么"。另一个人，美国教育家布鲁贝克，他有一本代表作《高等教育哲学》，按理说他应当回答"大学是什么"，但是他在这本书中前面七章都没有回答这个问题，到第八章回答了这个问题，但是第八章对这个问题的答案，全部都是引用别人的一些观点来回答的，如，"大学是一个思想库"，且这个引用的说法是不准确的。大学不只是装东西的，不只是存储东西的仓库，这句话没有看到大学生长思想的另外一面意思，即便引用了别人的观点，其说法也存在片面之处，没有自己的答案。因此，布鲁贝克的《高等教育哲学》这本书，从对根本问题的聚焦角度讲以及从原创性的角度看，其学术价值不高，但是这本书是全世界第一个以"高等教育哲学"命名的，布鲁贝克是全世界第一个用"高等教育哲学"命名其书的人，从这个角度上看是不简单的，他在此之前一直从事高等教育政策与高等教育发展方面的一些学术研究，一直到年龄接近 80 岁的时候，才写出了《高等教育哲学》这本书，是很不容易的，在这个角度上看对高等教育哲学的发展是有贡献的。再比如，雅斯贝尔斯，他在其代表作《大学之理念》这本书里回答了"大学是什么"的问题，他有一些很经典的说法，如"大学是国中之国""大学是民族的，也是超民族的"，提及了这个问题的内涵，至于回答得是否深刻广泛是另外一回事。从雅斯贝尔斯回答"大学是什么"的问题来讲，比布鲁贝克早了 30 多年，雅斯贝尔斯是一个哲学家，但不是因为他是哲学家才有这种深刻的观点，而是因为有这么深刻的观点才决定他是哲学家。因此，要评价自己是一个什么样的大学校长，从根本上讲，我是一个明白"大学是什么"的校长。这个可以从我 18 年的办学治校实践历程中得到体现，也可以从我的两本书中看出来，即《高等教育哲学》《高等教育哲学通论》。2019 年即将出版一本书，就叫作《大学是什么》，这三本书是我的高等教育哲学的作品。另外一本书《高等教育学导论》，主要是倾向于高等教育理论，但是其中一些也或多或少地体现了高等教育哲学的味道，这本书在高等教育界的反响很好，评价极高，如华中科技大学的刘献君教授的评价。华中科技大学新上任的一个校长请教他，应该读些什么高等教育方面的书，刘献君教授给其开了一个书目清单，后来，刘献君教授第一时间告知新上任的校长，其他的书都别读了，就读《高等教育学导论》。刘献君教授的评价是："《高等教育学导论》这本书，把大学校长怎么做、做些什么全部讲明白了。"

二、阐释力

从访谈中可以看出，张楚廷先生是一个极其善于反思自己不足的一个人，可以看出他对问题的把握与捕捉的能力。他针对笔者问及的一个问题"您是中国大学校长群体中的一个标杆，是教育家，很成功，那您认为您在大学治理中还存在盲点吗"时，他说道：

在别人看来，我是一个十分成功的大学校长，面对这个问题，我问自己：我有不成功的吗？说几个小故事吧。其一，我们学校的二级学院的一位党委书记，在其卸任的时候，我不懂得说一些感谢的话，比如，"你为这个学院的建设与发展做出了贡献""学院是要感谢你的""因为学校体制等诸多原因，你现在不得不从这个岗位上退下来了"，我这做校长的当时都没有说，这个二级学院的党委书记就认为是我把他拿下了，这就引起了一些问题，这是对人性与人心那种细致的体验还不够，我没有在特定的情境之下去把握人的那种失落感。假如您现在要问我作为大学校长卸任后有没有失落感，我会说我没有失落感，因为我在大学校长这个位置上从没有任何的特权，如果一个人在一个岗位上任职的时候觉得自己是特殊的，那到卸任的时候这种特殊性就会随之消失，这就自然有了失落感。当时没有将心比心地去把握理解在一些岗位上的人的那种人心与人性的一些需求。大学所做的工作都是人的工作，不同人在不同时间的心情或人性当中的一些很自然也是很正常的反映与需求不得不去考虑，虽然诸如此类的例子不多，但还是存在。

其二，别人都说我是一个很厚道的校长，不容易发火愤怒，我没有对任何一个教师发过火。如，我们学校里有一个老师，在思维与态度上就是一个典型的"为反对而反对"的人，在校外专家针对一些项目要到学校来开展评审的时候，这个教师跑到专家面前告状说学校里有人要打他，他说他不是针对某个人要去专家面前告状。当时有人要打他，我前去阻止。

其三，学校校园的地形高低不平，校园里的某个角落有可能有会伤害到学生的一些尖利东西等。有一天早上学生进行早间体育训练，其中一个学生由于光线不清，没有看清楚前面一个很深的坑，一头栽倒下去当场死亡，这个事情给作为校长的我心里带来了巨大的震动，自己作为校长对校园安全隐患问题没有考虑周到细致。这个学生死了之后，我才彻底清醒地认识到学校校园环境的安全整治与建设问题是需要做到精细化的，以一个学生的死亡为代价才促使自己深刻地认识到这方面的工作应该做到什么程度，作为校长而言，这方面还是迟钝。尽管这些工作不是校长一个人做的，不是所有的事情校长都负得了责任的，但是自己是校长，不得不负责，即使不是直接负责，也是间接负责。

另外，针对笔者问及的"您认为阻碍一所大学走向成功的最大和最普遍的问题是什么"的阐释中，他说道：

> 用一句话来讲，这个最大的问题就是没有良好的机制。如果体制不改革，中国大学要想建成世界一流大学是很难的。中国发展到今天，其改革一定会是全方位的，但是教育领域里，赋予大学校长以官级，这个结是必须要解开的。

三、理论力

张楚廷先生对教育的第一问——"人是什么?"做出了明确的回答：人的根本就是人本身，抓住了这个根本就抓住了教育的根本。张楚廷先生的"人主义"思想犹如一盏明灯，照亮了自己前行的方向。他的全部教育理论都是立足于这个宗旨的。正如他的博士生蒋己兰说的："张楚廷先生著述颇丰，著作等身。迄今为止，已出版著作 145 部（其中独著 115 部），发表论文 1700 多篇，《张楚廷教育文集》（第 1—20 卷）集中展示了他的教育理论智慧。先生的教育理论博大精深，自成体系，其理论宗旨鲜明，高扬'人主义'的大旗。主义，通常是指某种特定的思想、宗旨、学说体系或理论。张楚廷先生的'人主义'即其对教育现象、教育生活以及教育问题等所持有的系统的理论和主张。先生认为，教育以人为中心，以人为出发点，强调尊重人、欣赏人、教育人、发展人，这是先生教育理论的根本立足点。先生的'人主义'特别关注人权、人性、人格，关注人的尊严、人的自由、人的个性发展和人的解放，关注人的思想、道德与情感，关注人的行为、举止，亦关注人的所思所想，所作所为。"❶

张楚廷先生在大学治理方面的理论是围绕"大学是什么"建立起来的，理论根基还是在"人是什么"的"人主义"理论基础之上。

四、思想力

张楚廷先生的"思想力"可以从他既站在学生立场，也站在社会立场来引领大学开展人才培养工作上表现出来。具体可以从以下三个场景折射而出。

第一，与政府建立互相信任的关系，并保持一定的边界。他说道：

> 自己在做校长期间，经常批评省委省政府，但是省委省政府对我这个大学校长的信任是绝对的，同样，自己也批评过教育部，批评过原部长袁贵仁，教育部也是信任我的。政府让我担任了很多重要的职务，政府当时让我担任校党委书记的时候，我是不想当的，向省委提出，自己不会当党委书记。省里边说，不会当也得当。我说，一定要让我来当党委书记，我可能不会像上级想象的那样当。上面说，随便你怎么当！这就是建立了一种非常相互信任的关系，打个不恰当的比喻，政府如果是老板的话，那老板与大学党委书记或大学校长这个总经理之间要做到绝对的信任。我与湖南省委的任何一届主要领导人关系都很好。

引领大学与政府保持一定的边界。张先生说：

---

❶　蒋己兰. 张楚廷教育智慧研究［M］. 北京：北京理工大学出版社，2016：46－48.

原湖南省委领导班子成员中，有一位叫作毛致用的省委书记，他对我的评价是："张楚廷是一位真正的知识分子。"自己很喜欢这个评价。这也恰恰说明，大学与政府之间保持好一个恰当的边界是必须的，大学校长在引领大学发展中做决策的时候，在政府与大学的这个恰当的边界中做决策是必须的。决策做好了，一方面既对作为大学主办方的政府负了责任，另一方面也对大学师生负好了责任。

第二，以生为本，促进大学的发展与稳定。他说道：

我在作为大学校长期间，20世纪八九十年代，从促进大学的发展与稳定这个角度来看，当时湖南流传一句话——湖南要想稳定，关键在于长沙的稳定；长沙要稳定，关键在于岳麓山的稳定；岳麓山要稳定，关键在于湖南师范大学的稳定；湖南师范大学要稳定，关键在于张楚廷的稳定。自己作为大学校长，在全校上下乃至大学会对一定的社会范围产生影响，学生非常信任我这个校长。有一次，长沙很多大学的学生在省政府围着省长，给省长提了三个要求，省长也答复了，但是学生也不让他走。这个时候省长秘书说，是不是要把教育厅厅长叫来解围？省长说不叫厅长，把湖南师范大学的张校长请来。秘书说，这些学生不全是湖南师范大学的学生。省长说，就请湖南师范大学的张校长。我到场以后，对大学生们说了几句话——同学们，你们提的三个要求，省长都做了答复，从学生立场与其他立场来看，答复得不错的，但是这三个条件要兑现还需要几天的时间，如果几天之后还没有兑现的话，我们再来。学生们听到这话后就撤离了。自己说这个话既站在了学生立场，也站在了政府立场。学生们都认为这话是维护了学生们的权益的。

第三，把握好做大学校长的根本原则。他说道：

做大学校长只有一条根本原则——引领教师好好教书，让学生好好读书，别的任何大话都不要讲。所以，我的办学思想非常明白。20世纪90年代中期全社会下海经商的意识与潮流也流入大学里，自己作为校长，不为所动，并且想办法让那些在这股思想潮流影响下的师生们安心教学与安心学习。这个时候湖南师范大学的校园里挂出来两条直幅："学术是学者的生命，学习是学生的天职。"学生们很清楚作为校长的我在下海潮和经商潮的影响下究竟是怎么想的，也明白自己是怎么想的。学校不能跟随社会潮流的影响，尤其是一些具有负面效应潮流的影响。

五、实践力

张先生的"实践力"可以从他争取办学治校的资源等侧面折射出来。他说道：

> 作为大学校长，在大学发展经费不是太充足的情况下，在整个社会发展市场经济衍生出来的经商潮流与下海潮流的影响下，也想办法为学校找来一些经费。在经费筹集方面，我的继任者在与我交流的过程中，我提出了要注意的原则——不怕欠钱负债，那些说既无内债也无外债的话是很落后的，美国是内债与外债最多的国家，但是最发达的国家。钱虽然不是万能的，但是没有钱是万万不能的，办学治校中需要充足的经费，办学所需要的软件与硬件都需大量的钱。

张楚廷眼里的实践力是一种很高的境界与效果，即通过实践达到一种"不管"的效果。他说道：

> 最大的实践力是引领大学达到一种"不管"的境界。在当校长与书记的30年里，没有真正很棘手的事情，几乎把所有想做的事情都做到了。最大的棘手问题应该是办学治校中追求一种达到"不管"的境界，这很难达到，需多方面的条件具备。这种"不管"的

境界是需要正确的决策来保证的。我作为校长的 30 年里，没有重大的决策失误。校长决策的动机与目的不是追求大学的平稳，而是追求大学的发展节奏，在节奏中实现一个好的可持续发展。要实现这样的发展目的，大学校长是一个帅才至关重要，同时，也需是将才。自己当时在职过程中，校级领导班子成员中只有 5 个人，在这样的治校团队里，推动学校的实践力度是很大的。

六、学习力

张楚廷先生的"学习力"是超强的。著述一百多部，不重复计算。基本上都是在权威出版社出版的，如人民教育出版社、高等教育出版社、教育科学出版社、华中科技大学出版社、湖南教育出版社、北京师范大学出版社、湖南师范大学出版社、南方出版社等。独著的著作中典型的教育理论著作有：《高等教育哲学通论》《教育基本理论——一种基于公理的教育学》《高等教育学导论》《教育哲学》《高等教育哲学》《课程与教学哲学》《教学论纲》《教育论》《校长学概论》《素质，中国教育的沉思》《人力学引论》《教学原则今论》《学校管理学》《教学细则一百讲》《教学协同效应研究》《大学人文精神构架》《教学论概要》等教育学著作；还出版了《学校管理心理学》《数学教育心理学》《子女的培育》《数学与创造》等心理学专著；出版了《数学文化》《大学数学概要》《数学方法论》《微积分基础》《复变函数学习导引》《猜想，一道绕不过的湾》等数学专著并先后在《教育研究》《高等教育研究》《中国高教研究》《中国高等教育》《中国教育学刊》等杂志上发表论文1700 多篇。

2007 年，《张楚廷教育文集》第 1—10 卷由湖南教育出版社出版，2011 年《张楚廷教育文集》第 11—20 卷出版。他先后承担国家、教育部 21 世纪的中国高等教育：教学改革与素质教育、教学论综合研究、大学人文精神构架、素质教育理论研究等课题研究；承担湖南省高校素质教育研究、微格教学研究等课题研究。这样的学习力不可谓不强大。

七、育人力

访谈中，针对笔者问及的"在学生的培养方式上，您具体是怎样引领学校的"时，他说道：

引领学校上下建立一种让学生自由学习、自由讨论、自由交流的氛围，建立一些保障这些学习氛围的制度。在学习中、讨论中、交流中，即便学生把问题说错了，也是学生在成长过程中一种犯错的权利，教师是不可以指责学生的。作为校长，非常注重维护学生的权益，要建立起真正以学生为本的教育制度，比如，在任何一届开学典礼上，利用3—5分钟的时间，主要讲的不是学生来到大学应该怎么做，而是讲学校应该为学生怎么做，告诉学生们来到学校有哪些权利，并学会维护自己的权利，不能把自己正常的权利交给大学，交给老师。

从作为研究生导师的角度上看，他与学生也是自由相处，让学生自由思考，他培养研究生的原则是："需学会怀疑，怀疑是通向学习研究的必经之路；需积极参与争辩，在争辩中学会挑剔；需学会刨根问底，不轻易认可别人所说；需多跟人聊天，从聊天中有所收获；需读经典，经典的书籍总能给人启发；需培养自己的理论兴趣，热爱理论；最后还需有强烈的批判精神，由感性达理性，再达哲性。"

八、决策力

张楚廷先生的"决策力"体现在他对大学校长的职责思考，他自己也是遵循这样的标准开展大学的管理与治理的。他提出了九个方面的想法：

第一，要从改变一所大学命运的高度进行决策与思考，进而切实改变一所大学的命运。第二，要有系统的教育理论。通过理论指导大学的管理与治理。第三，对教育问题需有自己独到的阐释，尤其是针对特定大学的实际来思考问题。第四，能够保障大学的学术自由。在自己担任校长期间，湖南师范大学引进了一个北京大学来的哲学专业博士，有一个老教授去听了这个哲学博士的课后，找到我说，哲学怎么可以这样讲，我对这个老教授说：哲学如果只有一种讲法，那就不是哲学了。殊不知，任何哲学都是个人的哲学，任何哲学也都是时代的哲学。前者是指掌握哲学思想的个人，后者是指个人哲学也都离不开特定的时代背景。第五，大学校长需厚道宽容。真真切切地去引领一所大学并使之得以发展，包容一切可以包容的东西，宽容一切可以包容的人，因为大学是无所不包的。第六，大学校长需始终看一个人的优点。作为大学校长不必盯着教师的缺点，需要做的是想方设法地把教师们的优势都释放出来。一般人都是首先知道什么是对的和什么是好的，经历并体验之后才知道什么是不对的。第七，大学校长需让任何人在自己面前都感觉是自由的。大学校长需有无限宽广的心胸，能够让任何人在自己面前都觉得是自由的，轻松的，在你面前的人或者与你相处的人，不会担心自己讲错话，不担心自己做错事。自己在担任校长期间，别人进我的办公室可以不敲门的。第八，大学校长需能够创造大学的隐性文化。大学校长最大的本领是建立一所大学优良的隐性文化，隐性文化实质上是一所大学里的隐性课程，关于课程是什么，学校里学生可习得的一切文化叫作课程。我们知道，教学理论产生于欧洲，课程理论产生于美国，虽然美国人提出了关于课程的一系列理论，但是美国没有产生系统的课程哲学，课程哲学在中国产生了。对课程哲学只有我一个人开展了系统的研究。很难研究，因为"课程"是教育系统中的基本粒子，就好比物理世界中最难研究的问题是"粒子"问题，在教育学中最困难的是研究课程。概言之，高度成功的大学校长的特质是：有学问、有人格、有理念、有策略。第九，大学校长要有警醒的自我意识。自己刚刚上任的时候，是很安全的，因为别人都不相信我，很多中层干部以及校领导班子成员中的很多人都不听我的，潜意识中都认为我未必领导得好。过了四五年之后，自己是一呼百诺，自己说什么其他人都听，这个时候最不安全，这个时候要特别小心，要时刻警惕。因此，自己在整个30年的大学校长生涯中没有重大的决策失误，在很多人看来，我是一言九鼎，说一不二。实际上，我是一个天生的民主派，自由落实到办学治校中自然就是民主的。

九、执行力

大学校长的理念、思想、决策做出后，接下来是执行落实，在落实中，不是靠大学校长一人之力，而是靠一支治校团队，正如张楚廷先生说：

> 大学校长有一支很好的治校团队并善于授权。在这个过程中，副校长工作做得漂亮，做得成功，功劳和荣誉是副校长的，如果做错了，做得不好，责任是校长的。因此，副校长可以放手大胆地开展工作，因为错了不怕，校长不会指责副校长。作为大学校长，要想把一所拥有几千个职工和几万个学生的大学推动前进，在治理层上仅仅靠校长一人之力是远远不够的，需要建设一个很好的大学治理团队。在自己作为大学校长期间，如果没有强大的团队，作为校长有很多事情是无法做到的。

十、影响力

中国高等教育学科创始人、泰斗、著名教育家潘懋元先生曾说："新中国有两个大学校长可以称为教育家，一个是湖南师范大学的张楚

廷，一个是华中科技大学的朱九思。"❶

2017 年 11 月 29 日，中国教育学会、中国高等教育学会、中国职业技术教育学会、中国教育电视台、中国教育报刊社、人民教育出版社等机构，联合成立当代教育名家推选活动组委会，经过层层筛选、认真审查、严格把关，推选出 90 位当代教育名家。湖南师范大学张楚廷教授入选。浙江大学眭依凡教授在评价中国当代教育家时曾说："朱九思为政治家，张楚廷为学问家，曲钦岳为科学家，同样成为当今中国最杰出、最有治校成就的校长教育家。""张校长集教育理论著作于一身，成为影响极广的教育家。"研究张楚廷的人截止到 2019 年，达到了 500人。对于一个还健在的大学主要领导人，前前后后研究他的人如此之多，这就足以说明他的影响力。访谈中的感受，笔者用一个词语来形容张楚廷先生：精明神勇。

---

❶ 81 岁张楚廷：自信基于对自己民族智慧的无限仰赖［EB/OL］.（2017－08－05）. ht-tp：//www. sohu. com/a/162364357_324494.

躬行教师天职的能力

——西安工程大学校长高岭

（笔者与高岭校长访谈结束时的合影）

访谈时间：2018 年 1 月 21 日 10：00—11：30

访谈地点：西北大学长安校区信息科学与技术学院 9 楼

（高岭校长在西北大学信息科学与技术学院担任博士生导师）

访谈方式：面谈

【高岭校长简介】男，汉族，1964年12月生，陕西绥德人，博士研究生学历，工学博士，九三学社成员，原西北大学副校长、教授、博士生导师。第十二届、十三届全国人大代表，九三学社第十四届中央委员会委员，九三学社陕西省委副主委。2016年10月起任西安工程大学校长。

访谈西安工程大学校长高岭之前，笔者是请自己在南京大学读博士时的同学高黎帮忙联系引荐的。高黎老师是西北大学外语学院的教授，2011年考入南京大学师从汪霞教授攻读博士学位，笔者2010年考入南京大学攻读博士学位，与高黎老师虽然不是同一级与同一个导师，但是开会上课在一起交流讨论过问题，彼此很熟悉。高黎老师请她的先生范训礼教授帮忙引荐高岭校长，她的先生是西北大学信息科学与技术学院的知名教授，恰好高岭校长的学术专业也是计算机专业，在西北大学信息科学与技术学院带博士生，彼此熟悉，所以方便引荐高校长接受访谈。在高黎老师及其先生范训礼老师的引荐下，我得知了高岭校长的微信，加上微信后给高校长发了信息。

高岭校长欣然同意，于是便预约进行了访谈。以下是结合访谈内容进行的简要分析。

一、革新力

高岭校长的办学理念可以从他很多场合的讲话中总结出来，"实业报国，彰显特色"。一方面，从其对西安工程大学的熟悉度中可以解读他在西安工程大学办学的理念，即有一种强烈的使命感与责任感，并注入作为大学校长的办学情怀。高岭校长把对这所大学的情感与对国家的情感结合在一起，用切实的办学业绩推动国家的发展，正如他在访谈中说的：

> 在任何一个时候，大学都有自己崇高的历史使命和责任担当，

大学对民族与国家的影响作用巨大。作为大学校长，在具体落实这一使命与责任的过程中具有很重要的作用。大学的办学目的、办学理念就是培养更多服务、支持国家和社会主义事业发展的人才，大学校长在这一目标的实现过程中有很大的责任。自己作为一名得到组织支持与教师支持的大学校长，带着珍惜当好大学校长的这种心态，把校长的工作当作一种责任而非荣耀。在这两年的工作中自己充满激情和热情，带着强烈的使命感和责任感，兢兢业业，努力把一所大学办好，履职尽责，当好校长。

另外，他的这种把个人情感、大学情感以及国家情感融合起来的理念不是空泛的、抽象的，而是充分结合了西安工程大学的发展特色而形成的，正如他说的：

> 学校的专业设置发源于纺织服装学科鲜明的办学特色，其间又不断地丰富、拓展纺织服装学科，使得学校的办学规模不断扩大，办学层次不断提高。虽历经变迁，学校在纺织与服装领域的特色与优势始终得以保持与传承，并在纺织材料、产业用纺织品、艺术设计与服装设计智能化、纺织机械自动化等诸多领域具有良好的科研实力和人才培养水平。先后涌现出以中国工程院院士、我国著名纺织材料专家姚穆教授为代表的一大批享誉国内外的知名学者，培养了数万名服务于纺织服装领域及社会各界的高级专门人才，为西部地区经济社会发展和我国纺织产业发展做出了积极贡献。今后，学校将在顺应世界科技发展趋势、服务国家科技创新的大背景下，继续传承、强化办学特色与学科优势，为国家和社会培养更多的优秀人才。

二、阐释力

当高岭校长刚刚走上大学校长岗位时，他认为西安工程大学面临的

主要问题有以下几方面。访谈中他说道:

第一,如何落实"以人为本"的挑战。如何理解"以人为本"是一个巨大的挑战,在办学过程中,从学校发展整体方面考虑得较多,而以学生的角度去为学生着想得较少,教师主体与学生主体这两对主体之间的平等性还没有全面建立。教育者与管理者主观上对教育本质的认识还不到位,对于该如何教育学生、培养学生、把学生放在一个什么样的位置思考得不够。实际上,教师是因为有了学生才有了教育上的合作者,有了合作者才具有在教育上沟通探索与进步的基础,把这个关系理顺是一个巨大的挑战。正是基于此,从2017年开始,自己作为大学校长亲自担任了一个班的班主任,推进教育者回归大学的本质,并引领全校所有的老师都有志于承担班主任工作。从传统的师生关系来看,大学生四年本科毕业后对教师印象最深刻的就是班主任。尤其是要鼓励并引领那些年轻的博士、资深的教授,用自己的人生阅历、学术积累、才华学识、眼光眼界、平和与宽容,充分地和学生接触交流。当学生在成长的过程中碰到困惑时,这些人当班主任能够较好地讲解清楚,能够给学生带来启发,带来方法、思想与思维等,能够较好地开悟学生,引领学生成长。把学生的角色搞清楚,把培养人才的理念建立起来,尤其是在"立德树人"根本任务的要求下建立并完善这个理念,需要从宏观层面、整理规划、时代要求去思考这个问题,并结合一所大学的实际建立自己的人才培养体系。同时也要充分思考清楚学生究竟需要的是什么,在一个宽松自由的氛围内通过互动、交流、对话进行人才培养,并把"立德树人"的目标全过程、全环节地融通。另外的一个挑战是,作为大学校长,要随时能够清晰地具备与时代同步并且超前于时代的意识,引领大学的人才培养和科学研究与时代同步发展并且适当超前于时代。因为人才培养有一定的滞后性,科学研究在一定程度上也有周期性,所以如何根据这样的特征来引领大学与时代发展同步并超前于时代是挑战，尤其是在今天，很多企业在自身企业人才培养方面和企业研发发展都走在大学的前面，大学要建立自己的人才培养理念且能做到引领社会的发展。当然，大学在进行人才培养与科学研究的同时，还要进行文化传承，文化传承要讲究必要的保守性，大学在与时代同步发展和超前发展中，并不是要全面地同步和超前，可以是在一种指向未来与代表未来趋势的轨迹上做到发展与超前发展。简言之，大学管理者、大学教师、培养出来的人才、所进行的科研，是能够看到未来并引领未来发展趋势的。

第二，如何管理建设队伍是一个挑战。这里分两点来讲，一是如何引领推动中青年教师积极开展科研工作是一个挑战。科研发展是一所大学内涵发展的主要支撑，也是一所大学软实力的重要体现，如果大部分的老师在这个学术共同体中争先恐后地搞研究，我相信一所大学的科研发展不愁搞不上去；二是从管理的范畴来看，学校层面的管理队伍如何建设得更好、二级学院的管理层队伍如何建设得更好、职能部门的管理队伍如何建设得更好，是一个挑战。尤其是在党的十八大与十九大之后，整个国家与社会进入一个新时代，面对一系列的新思想、新方法、新观念、新要求，如果大学的管理科队伍不及时与政府对接、不及时与企业对接，整个学校就与时代要求出现不匹配，大学关起门来做自己的事情在很大程度上是不合时宜的。所以，管理队伍全方面地进行沟通协调、纵向沟通与协调、横向沟通与协调，就变得越来越重要，形成合力来推进办学治校就显得越来越重要。理顺学校层面的管理队伍、职能部门的中层队伍与二级学院的中层队伍之间的关系是学校发展的重要工作。

第三，办学经费方面的问题。当前很多高校，尤其是西部高校存在经费的限制，尤其是在发展比较弱的一些大学，学校的各个部门自身的造血能力也比较弱，导致各方面的工作都需要学校给予投入，使得学校的整体办学经费更加缺乏。很多层次较低的大学在办学治校中都主要依靠生均经费拨款与学生的学费来保障学校发展。基于这样的情况，国家和地方政府应该对不同的大学有不同的发展定位和资源配置定位标准或政策，针对不同大学在办学过程中资金困难具体情况，制定出不同的经费配置比例。在现行的经费配置体制之下，大学的层次也可以由大学的财政经费（政府拨款）与事业经费（自筹经费）之比的数值反映，事业经费这个比值越高的大学，其经费自筹能力就越强，反之则越低，在高等教育大众化以及不远的将来就是普及化的情况之下，这个比值越低的大学，其办学治校的压力就会越大，但是承担高等教育普及化的重任基本上是落在这些大学的身上，经费的投入上，国家和政府应该给予区别对待。

三、理论力

高岭校长提出了"优势品牌强校论"的治校理论。他说道：

总体上讲，地方行业特色型高校在"双一流"建设中，要特别注重继承学校自身的传统并发挥优势，结合本地条件和资源，顺应社会发展的需要，不断强化原有优势学科的品牌和影响力。每个地区、每所学校的情况都不一样，每一所大学都要结合自身优势做大做强，形成自身影响力，更好地为国家经济发展做出贡献。就西安工程大学来讲，其前身是西北纺织工学院，多年来围绕纺织、服装布局发展，学校长期形成的行业特色、学科特色需要不断强化和保持，不能把几代人努力下所形成的学科优势丢掉。另外，在一个新的发展背景下，优势学科要有新的突破。纺织新材料不能被简单理解成一种服装面料，它在高精尖的产业发展中有重要应用，比如用于制作宇航服、特种行业服装材料等。旧的行业产业正面临着新的科技挑战，必须将优势学科和最新的行业发展趋势结合起来。未来的发展，特别是基于智能制造的背景，强调服装在设计方面要突出个性化定制，这也是新的设计理念和发展需求。因此，整个传统学科体系既要发挥原有的优势，同时要向新的方向迈进。要做到源于优势学科，面向新的发展趋势和新的专业背景，又不断深化，提升原有学科。

四、思想力

高岭校长的"思想力"是建立在一种"成长论"与"适应论"基础之上的，他对未来的大学要培养什么样的学生的问题思考充分体现了这样的哲学理论根基。他说：

高校的根本任务是人才培养，所以围绕这方面我重点关注创新创业，如何把创新创业的理念和思想，真正贯彻到我们人才培养的全过程中，我觉得使命光荣、责任重大。在陕西高校"双一流"建设中，高校要确立人才培养的根本地位。对于大家普遍认为的陕西大学近些年发展滞后的观点，我并不完全认可，一方面是因为我们地处西部，相对而言对外宣传意识不够，重视程度也不高，导致社会影响力不够大；另一方面可能是在陕的一流大学、高水平大学在努力与国家战略对接的过程中，与陕西的经济社会文化发展有效对接不够深入全面，在陕西的经济生活中的存在感还没有充分显现。所以，需要我们增强宣传意识，在地方经济生活中充分显示存在感，取得更多更大的成绩和成果。另外，如果和东部省份相比，按照投入产出比来看，陕西高等教育的投入产出应该还是有优势的。但我们一定要有危机意识，要意识到全国各省区市的高等教育都在高速发展与进步当中。因此，如何来做很关键，需要进一步明晰高校职能。高校的主要职能分为人才培养、科学研究、社会服务等，而核心就是人才培养。围绕人才培养的核心，要注重对学生责任担当、使命意识的培养。现在的学生中，想成为科学家、企业家的比例不是很高，这一定程度上和他们的成长环境有关。一定阶段中，我们的孩子们树立的目标仅仅是考上一个好大学，把成才的重要阶段和重要机遇看成目的、目标，结果导致一切的学习活动都围绕着这个"目标"，等到真正考上大学就从内心深处开始放松自己，不能适应和利用好新的环境，少了一些动力与热情。所以目前高等教育的关键，除了重视技能、能力、知识学习等方面的培养外，更重要的是培养树立学生的责任意识、使命担当意识。

高校长还进一步强调一点，围绕"人才培养"的根本任务，学校所有部门都要树立服务育人的意识并行动起来，他说道："自己作为大学校长，会全力纠正职能部门的服务意识错误，树立职能部门服务于学术基层组织的关系，尤其是做好服务二级学院的教师教书育人的工作。职能部门只是一个服务部门，不能有太多的决策权，职能部门开展工作是为了在学校层面围绕'立德树人'做出决策而把工作做好、做实、做细。"

五、实践力

从高岭校长的言谈之中可以得知，高校长认为大学所有职能的顺利实现都离不开"实践"，而且都离不开从学校顶层的共同实践到中层干部以及师生们的共同实践，因为大学这个"学术共同体"决定了大学更是一个"实践共同体"。从学校的领导层来看，它首先是大学的一个主要的实践共同体，这种实践的效应需要在领导班子的共同决策与沟通执行中实现。访谈中，他说道：

"党委领导，校长负责"。"党委领导"领导的具体是什么？"校长负责"负责的具体是什么？党委领导，具体体现在五个方面："管队伍""抓方向""管大局""做决策""抓落实"。并不是党委把决策等大事做好了之后就等着行政来做，也要抓落实，换言之，整个学校的一切管理工作都是在党委的集体领导下开展的。校长负责，负责的是具体针对学校的重大发展事项拿出具体的发展方案，把方案提交党委后同意并负责落实执行。总之，是共同决策与共同执行、共同负责。

六、学习力

高岭校长的"学习力"可从他对自己学术经历与管理工作之间的理解上得到体现。他说道：

学术背景与学术经历对于大学校长而言是很重要的，至于具体是什么学科，是工科、理科，还是文科，以及在这些科类中具体是学什么专业以及课程，这个对于一名大学校长的实际工作，其影响是不显著的。但是大学校长一定要有完整的学术经历，有系统化、科学化、深入的学术训练和学术体验，这个是重要的，在这样的基础之上，作为大学校长，才能对大学基本运作的各个环节有自己的认识与理解，从而懂学术、懂教育、懂规律，进而才能懂判断。另外，在懂得基本的学术规律与运作后，走上大学校长岗位之前的个人经历也很重要，是主要在职能部门实践过还是在学术基层组织实践过，也会对大学校长的实际工作带来一些不一样的东西。

在这样的学习力之下，相信高岭校长在不久的将来会把自己的治校实践经历著成教育作品的。

七、育人力

高岭校长作为一所大学校长的育人力，首先体现在其引领自身所担任校长的大学培养了一个好的育人能力与育人体制，正如他说的：

如何将综合能力、素质和知识培养相结合？我认为，应该实行全过程、全环节的教书育人。西安工程大学目前就在进行这方面的改革探索，从专家学者和管理者中聘请班主任，实行多元化的学生班主任聘任模式，以便对学生的未来给予更有效的指导和规划。同时，为了培养学生的创新意识，学校主抓创新创业培养，如果学生在校期间有新的创业思路，学校也会为其提供创业环境。学校还聘请海外教师给学生上专业课，培养学生的国际视野。另外，为提高学生学习积极性，学校加强与相关行业企业之间的合作对接，积极组织学生进行实地的实习实训，增强学生的实践能力，促进教学相长，提高服务社会能力。

高岭校长最大的"育人力"从他亲自在西安工程大学兼任一个本科班级的班主任工作得以彰显。高校长对"育人力"的理解也可以从他对各方面角色困境的把握中得到体现，他说：

任何一个角色都会有特定的角色挑战与角色任务，角色挑战与角色任务就决定了会存在角色困境或角色难题。从自身作为大学校长来看，这样的角色困境体现在很多方面：如，推动学校某些方面的改革中，会有一定的改革者的角色困境；作为一名教育工作者会有一定的教育者的角色困境；作为一名管理者，会有管理者的某些角色困境，都在不同层面上有感受。但不管是什么角色困境，产生了这样的角色困境后，遵循一个原则，即"取大道"的原则往下走，而不是"谋私利"。只要一件事对绝大多数人都是有利的，就理应坚持做，这样就会解决角色难题。如，作为教育者，当学生违规违纪之后，处不处理学生的问题，处理需要面对学生自身与家长的某些需求，不处理则需要考虑怎样面对众多的学生。在这个过程中，不能简单粗暴地处理，需要想到很多方面的问题，这就是角色困境。这个时候怎么办？遵循只要有助于对学生起到教育作用与意义的方式即可。

八、决策力

高校长上任伊始，便找到了自己履新的决策支点，正如他说的：

第一，整体推进师资队伍建设。从大学来看，学科专业是平台或者龙头，师资人才是保障，人才培养是根本任务，没有人才，其他都是空的。自己走上大学校长这个岗位后，向学校党委提出把2017年作为学校的"人才工作年"。所有人都会说人才是重要的，但是真正使人才建设工作得以推进并且产生绩效是需要一个漫长的过程的，提出这样的"人才工作年"是要在仪式感与切实需要上引起对人才建设的重视。并提出了"数量稳定增长，质量显著提升"的队伍建设总体思路。在这个指导思想下，坚持"做大增量，激活存量"。立足于现有的人才队伍做好队伍建设，在数量与质量两方面相对整合起来，联动起来。

第二，采取外聘院长的方式打破传统的人才引进方式。2017年对四个二级学院施行了外聘院长。首先，瞄准需要的外聘院长人选，通过学术委员会对外聘院长人选的资质进行审核，通过二级学院20多位教授组成的委员会进行表决；外聘院长在管理方式上采取兼职、协议的方式，待遇体现在之前的协议契约上，赋予其职权，但是没有行政级别。给外聘院长配备一个执行院长，执行院长有行政级别，正处级，执行院长所开展的一切工作需要经过外聘院长的同意与授权，外聘院长与执行院长之间需要充分深入地交换意见。明确哪些工作由外聘院长牵头，哪些工作由执行院长牵头，充分协商并拟定规划，二级学院的重大发展事项，外聘院长都需要牵头来开展。外聘院长没有行政级别，执行院长有行政级别，是为了处理好这二者之间的工作关系，防止内部人员对外聘人员的反感。外聘院长的基本职责包括教学、科研、学科建设、经费资源的统筹安排及全面管理。但是，教师的职业发展如何与国际国内恰当的平台对接不需要由外聘院长来牵头。采取外聘院长的方式引进人才，与引进一般教授的区别在于，引进一个教授，教授只需要在一定的时间内发表多少论文、拿下什么课题就完成任务，作为一个教授不能介入二级学院的某些整体事务的发展。通过这样的外聘院长引进人才的方式，目的在于通过外聘院长的理念、学识、眼界、影响力，把二级学院的发展方向与未来重新梳理与规划，利用其已经在国内外建立起来的广泛的合作关系与资源，把二级学院的某些教师与人才更好地带动走向这样的平台，进而更好地带动二级学院的发展。校长等学校管理层在这个过程中要做好的是，让二级学院的外聘院长充分感到学校把自己当作人才，让执行院长感到自己是学校内部的一个重要岗位，两者之间有边界、有合作。从目前来看，已经通过这个方式开展的四个二级学院在有序地开展工作。希望通过这样的方式带动二级学院的发展。希望在学校的二级学院的中层管理者队伍中形成三种队伍的格局——有从外边聘请来的有影响力的外聘院长、有相对年轻的刚刚提拔或轮换的年轻院长、有资格有经历的院长。打破所有二级学院中层管理者之前一潭死水的状态，要让二级学院的院长觉得有一定的压力，有一定的压力才能激发活力。

九、执行力

高岭校长的"执行力"从他"新官上任三把火"的行动中得到了鲜明的体现。访谈中，他说道：

> 自己在省委组织部宣布成为大学校长之后，利用两天的时间转完了整个校园，开展全面的调研，从物理、时空到学生，从教学区、饮食服务区、生活区到大学周围的环境等，对这所大学形成一个整体的概念，这所大学的每一个角落都去了。看到了好的，也看到了问题，看到了隐患，在这基础上引领全校对这方面的问题进行

一个全面的筛查与整改。之后再深入每一个二级学院与职能部门进行调研了解，先听人讲，根据自己所想到的问题和他人没有说清楚的问题再提问，以提问的方式通过对话了解如何发展，了解有没有改革性的一面，有没有改革力度，在这个过程中切实尊重二级学院的办学主体性，让二级学院根据自己的实际认识到自己的发展路径。自己作为校长在最后有针对性地提出一点要求，在这个基础上，2016年和2017年全面部署了二级学院的发展架构。并且于2017通过教代会、务虚会等会议形式进行了工作总结，也利用2017年年底的中层干部培训会议，结合国家2017年的一些文件，如2017年9月颁布的文件《关于深化教育体制机制改革的意见》，对文件进行了解读。学校该如何结合这个文件精神进行发展改革，主要的工作导向是建立以学院为主体的办学体系，二级学院强大了，学校就强大了。在学校内部要充分地做到"放管服"，二级学院要有自己的目标、有自己的路径、有自己的资源配置，总体上二级学院有自己的格局，从经费、队伍团队、学科建设、学科平台、人才培养模式等方面，保证本科教学，并且建立二级学院绩效考核体系（把津贴分为两大块，教学津贴和非教学津贴）、分配体制。

十、影响力

从前述各方面看，高岭校长抓住了西安工程大学的"三观"，即世界观、国家观与区域观来开展治校工作。具体体现在以下三个方面。

在世界观上，融入"一带一路"的建设，采取了很多措施，如成立中巴经济走廊文化艺术研究所。该研究所是基于中巴在时尚、新媒体及文化交流等领域的迫切需要设立的，将以"持续深入策划'中巴经济走廊文化大篷车'项目、探讨以新媒体手段与走廊沿线人民进行深度交流"为己任，推动中巴传统文化时尚化、国际化传播，努力实现两国文化在"一带一路"合作背景下的共赢、共荣局面。

在国家观上，西安工程大学以"五+X"与"四主体一联合"的新型产学研协同创新为实例，重点介绍了学校在推进特色优势学科群对接产业集群方面所做的工作及努力。同时深度剖析了纺织工业面临的内外部发展环境，结合国家相关政策和"四个一流"实施方案，学校给出"做强纺织学科、做靓设计学科和做实相关学科"的顶层设计，今后将立足陕西，面向西部，服务全国，助推区域经济社会发展。学校要进一步加大创新主体相互衔接力度，打通成果转化通道，积极打造"一带一路"纺织服装研究院等特色品牌智库，提升学校服务社会和科技创新能力，培养人才，搭建平台，推广成果，为陕西纺织工业的转型和科技进步贡献力量。

在区域观上，结合大西安发展时尚产业之际，在讲好历史故事的基础上开拓时尚、国际视野，引领未来发展。目前，西安工程大学结合西安国家中心城市的发展思路，举办"一带一路"西安国际时装周，把更多的时尚元素引入西安，让西安不仅是文化之都、历史之都，也变成时尚之都。

高岭校长紧紧地抓住西安工程大学的"三观"，必然产生影响力。此外，笔者认为高岭校长的影响力集中在他的"率先垂范"上。前述说过，高岭校长最大的"育人力"体现在他亲自兼任一个本科班级的班主任，恕笔者直言，高岭校长可能是当今中国大学校长群体中为数不多的兼任学生班主任的大学校长。这本身就是一种影响力的体现，作为校长用自己的躬身践行，彰显了作为教师的天职是时时刻刻与学生一起成长。

明确大学阶梯的能力

——台湾屏东大学校长古源光

(因委托他人进行采访，未能合影留念)

访谈时间： 2018 年 2 月 23 日 15：00—16：00

访谈地点： 屏东大学古校长办公室

访谈方式： 委托他人进行面谈

【古源光校长简介】 男，2006 年 8 月至 2014 年任屏东科技大学校长；2014 年 8 月，屏东教育大学与屏东商业技术学院正式合并为屏东大学，古源光任校长。

访谈古校长之前，笔者是请屏东大学教育学院前院长张庆勋教授联系古源光校长的，并且是委托张庆勋教授代为访谈的。笔者能联系上张庆勋教授，是得到南京大学笔者的导师王运来教授的帮助，王运来教授把张庆勋教授的电子邮箱告诉笔者，笔者直接发电子邮件联系他。

台湾屏东大学教育学院的张庆勋教授第一次给我的回复（为保留文字原貌，故保留了繁体字）如下。

> 王副院長您好
>
> 收到您邀請我校古校長參與您的"教育家辦學導向下的大學校長治理能力提升機理研究"課題訪談嘉賓信函
>
> 我已轉知校長秘書
>
> 我們靜待佳音
>
> 從您的研究得知
>
> 我最近在做有關大學治理與確保教與學品質方面的研究
>
> 應與您的研究相關
>
> 我們可以相互建立聯結
>
> 互為討論交流
>
> 隨函檢送我的最新簡介如附件
>
> 請參考
>
> 張慶勳致意
>
> 2018/2/6

台湾屏东大学的张庆勋教授第二次给我的回复如下。

王副院長 您好

有關您擬訪談我校古校長

有關大學校長治理能力事宜,

古校長已答應接受訪談

我與校長預定於2/23（星期五）下午會面

校長擬以口述方式提出他的觀點,

在此提出幾個後續做法請您參考

1. 校長公務繁忙, 您的提綱問題多, 我想校長短時間無法全部
   回應
   我建議以校長有限時間, 重點歸納的方式表達他的觀點
   以後再依您後續的需要再進一步訪談

2. 我如何把校長口述的資料轉給您?
   是否能用語音檔（原檔案）以 Wechat 的方式給你或其他方式?
   我的 WechatID 是 × × × × × ×

3. 校長希望他的口述內容能建立文字檔
   所以您是否可以幫忙從口述內容建立一份具有結構性的文字
   檔案給我以便轉給校長

4. 以後如有問題需要直接與校長聯繫時, 可以透過校長室謝熙
   樺秘書（括号内邮箱省略）聯繫

5. 後續事宜隨時保持聯繫

張慶勳

2018/2/12

我第二次给张庆勋教授的电子邮件如下。

张院长:

您好!

1. 访谈问题完全可以归纳起来进行;

2. 请您把与古校长见面的访谈语音通过 MP3 的文件发到我

邮箱；

3. 我根据语音资料整理出文字档。

非常感谢您！祝春节愉快！

王飞

2018/2/12

台湾屏东大学的张庆勋教授第三次给我的回复如下。

王副院長您好

剛剛古校長已口述完成，

也已用 AAC 語音檔發到你的信箱。

請轉成 MP3 檔。

原檔也可讀取，MP3 檔太大。

再煩請把整理後的文稿給我，我再轉給校長。

今天下午的訪談非常成功，古校長以統整性的方式，以屏東大學及他個人在大學治理方面的思維提出他的觀點。

依我在我校的經驗及現今大學發展趨勢來看，可以看到古校長的大學治理思維、能力以及大學發展走向。

雖然沒有逐題逐項直接對應，但也可以對您的研究有所助益。

我們保持聯繫！

祝福你！一切順利！

慶勳

2018/2/23

以下是结合访谈内容进行的简要分析。

一、革新力

古源光校长的"革新力"主要是通过大学"社会责任，全人教育"的理念折射而出。访谈中，他说道：

世界大学发展史证明，现代大学最主要的核心在于社会责任，在大学的社会责任引领状况下，大学开展的教育模式是全人教育。在围绕全人教育的理念之下，大学不仅要做资源的提供者，更要做好资源的分享者。大学不仅是学习的地方，而且是思考、解决问题的地方。人的社会责任的养成，全人教育理念的实施，需要在大学结合探讨大学与"政府"、各级学校与企业界（University, Government, Schools, Industry, UGSI）协作模式的高教创新经营与绩效评估的模式来进行。其核心就是突出台湾教育行政部门的高教政策走向与大学发展相互关联的地方，且再以各项计划导引大学朝向创新与特色为焦点发展。以屏东大学为例，提出 UGSI 的协作案例，认为大学若要成为区域知识中心、区域文化中心与区域产业价值中心的角色，应掌握 UGSI 所具有的核心价值。订立兼具理论与实务的评鉴指标，采取自我评鉴与认可评鉴机制，精进自我的成长。在评鉴时，以过程导向为主，抓住 UGSI 的核心价值，期望透过 UGSI 的协作，精进教师教学与学生学习品质，兼顾彰显大学特色与创新，培育跨域整合人才并与所在地联结，达到务实致用的目的。

二、阐释力

古源光校长对教育发展或大学发展问题的认知可以从以下方面表现出来，他的问题意识是切实针对台湾未来的发展空间与学生的就业空间而产生的。

第一，大学关键在培养学生的国际移动能力。

台湾人其实不太愿意离开台湾，我跟我的学生讲，一定要具有国际移动的能力，有决心到不同的国家工作。欧盟在二三十年前已经在推这个理念，从学生念大学的时候开始，就鼓励他们到不同的国家去，欧盟不同国家的大学课程的认证是相通的，在这个大学念书，可以在多个大学修很多学分。这样的好处就是在学生还没有进入职场的时候，已经认识了不同国家，包括专业、文化、语言、政治、市场等各个方面，当然这就是国际移动能力的体现。

第二，父母在培养孩子国际移动能力上要学会放手。

过去我们念书的时候，是"来来来，来台大；去去去，去美国"，现在年轻人认为台湾的博士课程品质也很高，不需要到美国或其他国家和地区去念，但是不去国外的话，就缺少了一个国际视野，缺了一个国际移动的能力。对于现在的年轻人，我们比较担心的是他们的父母对他们不放手，觉得他们很宝贝，不舍得他们跑到国外去，这样年青一代在面对国际竞争的时候，是不能应对的。

学校推动国际化的政策，是为了让老师和学生知道国际化的重要性，让他们在念大学的时候就能够拓展他们的视野。我在自己小孩子的教育上，也是希望她们能够出去。我有三个女儿，老大老二都是在台湾念的书，她们在念中学及大学时也分别到国外交换学习，现在分别是秘书、医生。只有老三一个人跑到了英国、法国、荷兰，她申请了欧盟（EU）的奖学金念硕士，利用在欧洲念书的机会把欧洲跑遍了。她把我的观念做了实践，她的语言好、心态好、专业好，确实是有国际移动的能力，一个小女生敢这样独自闯天下，我都觉得很佩服。

台湾的就业市场是有限的，但是世界是很大的。我们的大学就是要培育有国际移动能力的人才。

三、理论力

古源光校长的"理论力"体现在他提出了一套"大学4.0发展理论"。访谈中他说：

大学教授要围绕时代发展与未来的发展进行传道授业解惑，大学生的培养与学习要围绕时代发展与社会发展进行适应未来能力的培养与学习。所以，在这个层面上讲大学治理，大学的发展与演化，是与国家、社会以及产业的发展演化相一致的。从历史上看，从工业／产业的 1.0，到工业／产业的 2.0，到工业／产业的 3.0，到工业／产业的 4.0，按照这个逻辑演绎，也存在一个社会的 1.0，社会的 2.0，社会的 3.0，和社会的 4.0，也有国家的 1.0，国家的 2.0，国家的 3.0 以及国家的 4.0。既然大学的发展演化与国家和社会的演化是一个同样的大逻辑，那大学的发展演化也是从大学的 1.0，逐渐发展演化到大学的 4.0。大学 4.0 与工业 4.0、国家社会 4.0 的发展逻辑是一样的。工业 4.0 是英国、德国等欧洲国家经历若干个时代的发展演化而来的，而不是突然从 1.0 跨越了 2.0 与 3.0 就跳到了 4.0 的。这些国家的大学从大学刚刚产生到现代的一流大学，也是在这样一个大环境之下逐渐演化而来的。具体来看，从工业 1.0 到 4.0 的整个时代主旋律来看，我们的大学现在具体处在什么样的阶段呢？我们如何来看大学的发展演化阶段呢？

从"大学的 1.0"来看，大学的主要功能是知识的传播，或者说教师仅仅是进行一些简单而单一的教学工作。教师所传播的只是一些陈旧的东西，仅仅是教师个人过去所积累起来的东西，不具有探索性与研究性。在大学 1.0 的阶段，教师们所扮演的角色是一个"先知者"的角色，他们比一般人要具有进步性，这是大学 1.0 阶段最主要的价值所在。举个例子来说，从屏东大学的发展历史来看，过去的屏东商业技术学院与屏东教育大学也许是该大学的 1.0 阶段，而现在的屏东大学肯定不是 1.0 的阶段了。

大学 2.0 阶段，大学教授除了担任教学工作与传播知识的工作以外，还要从事学术研究，通过学术研究，才能够有新的发现、新的发明、新的技术、新的观点、新的论点、新的见解，才能够把这些通过学术研究发现的新东西融入教学工作中去。

大学 3.0 阶段，大学教授们不仅仅是把通过学术研究得到的东西用于教学中，还需要与产业发展相结合，即产学合作或者产学融合。换言之，大学3.0阶段最核心的东西是，大学需要从校内走向校外，大学的运作需要与产业的需求与技术融合在一起，大学与产业以及社会做到同步发展甚至在某些环节大学引领产业与社会的发展。如果大学的知识与技术落后于产业的知识与技术，那大学还有存在的必要吗？大学存在的必要性就会受到质疑。举个例子来看，目前的屏东大学是介于"大学1.0"与"大学2.0"之间。在大学治理中，要让大部分或者是所有的教师都清楚明白，屏东大学要从大学的1.0发展演化到大学3.0，大学需要做些什么？基本的指标是什么？教师/教授们需要做些什么？教授们最基本的指标抑或是标准是什么？教学工作的标准怎么建立？学术工作的标准怎么建立？行政工作（产学合作）的标准怎么建立？学校与产业一定要有合作，教授与产业一定要有联结。

大学4.0阶段，是把教学工作、学术工作、产学合作这些工作，以一种高度的社会责任感推动出来。关怀社区的发展、关怀国家的发展、关怀世界的发展，大学4.0阶段所强调的核心成分是"社会责任"，换言之，大学4.0所从事的工作是"全人教育"。

四、思想力

古源光校长的"思想力"来自"品牌论"，他认为，学生是一所大学的品牌，办学治校思想要围绕"品牌"培养人才。访谈中，他说道：

另一个重要的群体是支撑一所大学得以运转的最重要的资源——学生。为什么治理主体中学生是最重要的资源？因为大学教育是一种"成熟人的教育，或者是成年人的教育"，需要把我们服务的这种成熟人或成年人的对象纳入我们的共同治理结构。这样是防止内部人治理的一个有效措施，防止内部人治理是西方大学治理结构的一个核心。在具体层面上，学生一批批地来，一批批地来了又走，不管是来念四年本科也好，还是读硕士也罢，不管是在学校读几年，学生都是一所大学最重要的"产品"。这个"产品"走出学校以后，其品牌是什么？就是代表一所大学的校名，从这个角度上说，一所大学品牌主要是围绕所培养的学生来建立的，要让社会与用人单位发自内心地认为，一所大学的品牌不错，主要是靠所培养的学生，这个与在市场上购买商品是一样的逻辑。比如，我们要购买电视机，要购买最好品牌的电视机，在购买这个品牌电视机的时候，或多花一点点钱来购买，但是多花一点钱可以起到保证品质的作用。

五、实践力

古源光校长的"实践力"可以从他来屏东大学当校长之前的一些经历中看出来。古源光于 2007 年任屏东科技大学校长，他的发展思路主要是以热带农业为发展策略，刚刚开始的时候引起了理工、管理学院的一些质疑，但连续 8 年获得台湾教育部门教学卓越计划的补助奖励，2010 年到 2013 年更获得了"典范科大"全台湾第 3 名，仅次于台北的两所科技大学，质疑之声转瞬间变成了助力。这个是彰显古源光校长实践力的强有力的办学实践成效。

古源光校长在任内还争取建设了热带农业研究大楼，设立免疫血清马场、绿能植物工场、沙林生命教育馆及购置重大仪器设备，并创造领先全台湾科技大学的产学合作及技术移转绩效。其间学生人数由 9600 余人增至 12000 人。古源光说，国际学生人数是增加关键，上任时 65 人增至 6300 人，来自 43 个国家，毕业生已有 3 个返国担任"部长级"官员，用学术、教育来促进国际交流是学校引以为傲的资产。当 2014 年新的屏东大学组建后，他成为新屏东大学的第一任校长，在卸下之前的屏东科技大学校长职务时他说："准备面对新挑战，将以爱心、耐心及诚意带领新的大学。"

六、学习力

古源光校长的"学习力",可以从他的学习经历中体现出来。他说道:

> 我们那个年代要进大学念书非常不容易,要经过非常激烈的竞争,现在台湾学生只要想念大学就有大学可以念,当然你要念好的大学,还是功课要好。过去我们念书方向非常清楚,努力读书,将来到美国拿个博士就可以到大学当教授,当教授是蛮受到社会肯定的职业。我们念书时会把自己限缩到比较窄的范围内,在这个范围里面,全力去读书,把专业念好。现在的学生能够吸收学习的领域更大,因为现在的网络那么发达,学生所学的东西不一定是在教室里学到的。

古校长言简意赅地回顾了自己的学习经历,又结合自己作为大学校长的背景点出了今天学生的学习概况,把自己的学习背景与今天学生的学习背景做一个小小的比较,从这个比较中可以看出古校长对学习力的把握。

七、育人力

古校长的"育人力"可以从他对屏东大学学生状况的把握中彰显。他说道:

> 屏东大学的生源一半是高中生,一半是高职生。两所大学合并成立屏东大学之后,学生能够学习的领域更加广泛。台湾没有一所大学有这样特色。台湾的高等教育比较注重学术研究领域,而技职教育体系注重务实,学生在大学除学习理论之外,还要有实际操作的经验。实际的经验并不是在学校里面获得的,学生在毕业之前一定要去工厂实习,毕业之后才能很快进入职业现场。台湾的教育部门一直不敢放手让台湾的大学去进行整并,一讲到不同体系的大学

合并，反对声浪就很高。台湾的大学生源中，高中生超过90%的学校，技职生顶多只有10%；反过来如果技职生超过90%，高中生差不多也只有10%，只有屏东大学是一半一半，屏大合并后采用的教学模式，是台湾高校的一个实验。

作为校长，古校长是对屏东大学的生源状况进行了细分，这就是要具有针对性地彰显育人力的一个最基本的前提。

八、决策力

古源光校长的职业生涯横跨"产、官、学"，经历之丰富"在台湾找不到第二个"。古源光自述在二十多岁的时候，曾经当过工厂的厂长，28岁就去丹麦和德国工作过，之后发觉投身产业不是最爱，就转去教书，后来还担任过屏东县的副县长。换言之，古校长是一个懂得企业管理之道，即商道的人，同时又是一个懂得政治和为官之道的人，在企业工作的商场经历与政治官场经历的基础之上，转而到学场从事教育工作与教育管理工作。三个场域都有一定经历的人，自然是通晓各个场域不同运作规律与运作特征的人，一个人的决策力与决策水平最主要的基础就具备了。恰恰因为古校长有这样的决策力基础，才有前面引领屏东科技大学进行大发展、大建设的大手笔。

九、执行力

古源光校长在办学治校中的"执行力"体现在，他开展的一切事关人才培养、科学研究与社会服务的工作任务，都是围绕一条主线——教授治理来开展的。访谈中他说道：

> 教授群体是大学治理要素中最主要的一个群体。一所大学品牌的建立主要依靠的是号称"教授"的大学教师群体，这个群体秉持着他们对教育工作以及对所在大学的热忱，怎么样开展传道、授业、解惑？坦白说，一个大学教授不仅仅是传道，也不仅仅是授业

与解惑，关键是看教授所传的道是不是能够与时俱进，是不是吻合社会的需求，是不是符合现代科技与时代文明发展的趋势。因此，大学教授所扮演的角色与中学、小学教师所扮演的角色不一样，其作用不太一样，其重要性也不太一样，因为基础教育与高等教育最主要的区分在于，前者是通过启蒙教育着眼于人的"社会性"培养的，即最基本与最起码的学习意识与学习能力的奠基；后者是通过专业教育着眼于人的"职业性"培养的，即为社会培养各行各业的"精英人才"，但是这两个层次所着眼的着力点之间是前后相融与相继的。综合而言，大学教授要兼顾好培养大学生这两个方面的品质，大学教师既要是"经师"，又要是"人师"，作为"经师"的大学教师，要培养学生的知识与技能，作为"人师"的大学教师要培养学生的人格，如果这两个方面是脱节或者断层的话，是培养不出真正表里如一的学生的，这个是大学教授们之所以被称为"教授"的原因所在。因此，大学教授为了达成大学品牌的建立，为了达成人才的培养，必须围绕"传道授业解惑"，时时刻刻清楚自己所传的道究竟是什么样子的道，必须时时刻刻研究支撑自己所传"道"的新知识与新技能，进而把这些新知识和技能蕴含在自己的个性教学之中。在这个过程中，学生所学到的，不是这个教师在 20 年前甚至是 30 年前在学校所学到的东西，而是通过教授们的研究与教学，让学生们有底蕴、有视野、有意识、有应变能力，进而能够让学生具有适应未来 20 年与 30 年社会发展的能力。

十、影响力

古源光校长的"影响力"，其实很好识别，除了前述的九方面能力之外，单纯从 2018 年 2 月 23 日 10：00—11：30，笔者委托屏东大学教育学院院长张庆勋教授针对"大学治理"方面的主题对其进行访谈的简短阐说中即可看出。古源光校长结合自己作为屏东大学校长的治理实践，提纲挈领、高屋建瓴地对大学治理问题进行了阐述。针对怎么理解大学治理或者如何开展大学治理的问题，古源光校长从构成大学治理这个"面"中最主要的"点"——教授、学生、目标、模式四个方面进行阐说。在这基础上，古校长提出了他的大学有效治理模式："UGSI：大学治理中适切的模式"。他说道：

> 区分清楚大学 1.0 到 4.0 这四个阶段的发展，诊断清楚特定的大学所处的阶段，带领一所大学发展的理念与模式就很清晰了。大学理念与治理模式是蕴含在这四个阶段之中的，具体的办学治校理念和治理模式离不开从判断清楚特定大学所处阶段的实际情况来把握。

> 在这样的一个比较清晰的大学治理逻辑与思维体系基础上，具体的治校策略是什么、终极目标是什么就会很清晰地浮出水面。我希望培养出来的大学生带着大学的品牌，走向社会的时候，这些品牌在社会的每一个角落都能够被大家认知，被大家所用与认可。

通晓大学诚性的能力

——岭南师范学院校长罗海鸥

（笔者与罗海鸥校长访谈结束时的合影）

访谈时间： 2017 年 11 月 3 日 15：00—16：00

访谈地点： 云南中医学院翰墨堂一楼报告厅，昆明呈贡区

访谈方式： 面谈

【罗海鸥校长简介】罗海鸥，广东开放大学（广东理工职业学院）党委书记、博士、研究员。兼任广东省学位委员会学科评议组成员，中国高教学会高等教育学专业委员会常务理事，中国院校研究专业委员会常务理事，广东省高等教育学专业委员会副会长。曾任广东技术师范学院党委副书记，岭南师范学院院长、党委书记等。

在《教育研究》《高等教育研究》《高等工程教育研究》《青年研究》《光明日报》和《中国教育报》等刊物发表论文近 80 篇，其中被《新华文摘》转载多篇，出版《涂又光研究》等专著多本。对大学文化建设的实践探索和理论研究，位于国内前列。发表的"大学三解"即《北大校徽一解》《清华一解》和《新时代大学校园如何营造》（对四川美院虎溪校区的解读）获教育界高度评价。

曾获高等教育国家级教学成果二等奖 1 项、省级教学成果一等奖 2 项，广东省哲学社会科学优秀成果二等奖 2 次、中国第三次高等教育科学优秀成果三等奖以及"南粤优秀校长"称号。

访谈罗海鸥校长，是于 2017 年 11 月 2—4 日在昆明云南中医学院召开的云南省高等教育学会学术年会上对其进行随机性的无结构性面谈。笔者参加了此次年会，罗海鸥校长是云南大学的董云川老师请过来的，在会议中进行一场学术报告。以下内容中，有的是从在年会上利用听取罗海鸥校长的发言获得的，有的是在会议茶歇的时候见缝插针与罗海鸥校长的交流中获得的，有的是从罗海鸥校长的一些公开发表的作品中获得的。

经过与罗海鸥校长的接触交流，尤其是对罗海鸥校长的办学治校实践经历的认知，感觉只要罗海鸥校长站在某所大学校园的土地上，他就能彰显出一种特别的能量，就能吸取大学那种漫长奋斗积累的文化养分，且鲜活地把这种文化养分结合特定的大学释放出来。这是引领一所大学并与教职工聚合在一起的磅礴之力。罗海鸥校长能恰如其分地把自已作为校长或校领导内心深处最真实的育人情感找到最好的方式表达出来，并彰显出一种精神的感召力。

以下结合访谈与笔谈内容对罗海鸥校长的办学治校能力进行简要的分析。

一、革新力

罗海鸥校长的"革新力"是极其准确鲜明的，用他自己的话来说就是九个字"至其诚，求其真，尽其性"。正如他在 2017 年云南省高等教育学会学术年会上的报告中提及的：

> 从教育本体的视角看，"至其诚"可作为中国大学的基本精神，"求其真"可作为西方大学的基本精神。按照大学精神办学，中国大学教育必须先尽人性而后尽物性，即先教人做人而后教人做事做学问。这种尽性教育，其实就是人道主义的教育。实施尽性教育，必须以"我"为主，将西方大学"求其真"的枝条嫁接在中国大学"至其诚"的砧木上，继承和弘扬儒家"为己"之学的传统；必须以教师高尚的师德和师生平等的对话交流为前提，以兼容并蓄和现代大学制度为条件。大学教育的真义，在于至诚求真，追求人之为人的存在状态和生成过程，通过人的实然状态臻至人的应然境界。在大学里，人们应以至诚求真的大学精神贯穿其中，尽性致兴，让生命进入独立自主、身心愉悦的澄明的自由之境。❶

罗海鸥校长从 2009 年担任岭南师范学院的校长以及至今的党委书记，其治校都是在这一理念的引领之下进行的。以此充满革新力的理念为牵引，罗海鸥校长亲自策划、推动与台湾师范大学、台中教育大学、屏东大学合作开设"特殊教育专业"，聘请台湾师大教育学院前院长吴

---

❶ 罗海鸥. 至其诚 求其真 尽其性：试从教育本体论大学精神 [J]. 教育导刊, 2005 (21)：6.

武典教授当系主任，培养特殊教育专业人才，成为广东省特殊教育联盟牵头单位，两次获得广东省教学成果奖。

二、阐释力

罗海鸥校长的"阐释力"从他提出的"以文化人"的认知中得以集中体现，正如他在以下几方面的思考与阐述。

第一，解读北京大学校徽彰显对教育的阐释力。

罗海鸥校长在《北京大学校报》（第 1363 期）发表《北大校徽一解》一文，以独特的视角解读北大校徽，文章刊发后，反响热烈。罗海鸥校长以一个不是北大人却胜似北大人的视角对北大校徽进行了阐释，深邃地解读了大学对中国和世界的担当。著名评论家、北京大学中文系谢冕教授对此文给予高度赞赏："在北大生活 60 年，从未听过对北大校徽如此深刻的阐述。"其夫人陈素琰教授称赞文章"激情澎湃，引经据典，文采飞扬，读之意犹未尽"；北京大学教育学院前常务副院长陈学飞教授认为，"此文超过了北大人的视界"；《中国教育报》杨桂青博士说："很喜欢罗海鸥校长对北大校徽的解释，很有创见，也融进了作者对教育的独特思考。"深圳大学特聘教授、深圳文联原常务副主席杨宏海谓此文"以恢宏的文化视野，独特的形象解读，点评了北大校徽的精神内涵，可称有不是北大人胜似北大人的眼光！"❶

第二，解读清华大学校名彰显对教育的阐释力。

罗海鸥校长写的《清华一解》，从"清华"两个字的出处和古人对这两字内涵的解释开始，导出"清华"两字与"清华大学"的渊源，进而把作为皇家园林"清华园"一副对联的横批"水木清华"与大学的功能与使命联系起来，引申为环境与人才、风气与成就，意为人杰地灵。由此凝练出"清华"独有的含义："独立自主，为国而学"的使命担当、

---

❶ 罗海鸥. 北大校徽一解 [N]. 北京大学校报，2014 – 11 – 15.

"自强不息，厚德载物"的校训精神、"建树风气，行胜于言"的务实品格。从"清华"两字上，可以品味出清华的本质内涵和清华人的标准要求，甚至可以品味出什么是中国现代学术的根、文化的魂和大学教育的源。❶ 罗海鸥校长不是清华人却以一种浓烈的清华情结对中国大学进行了深层思考，体现了大学需要具有把山水文明提升为精神文明的能力。

第三，解读四川美术学院虎溪校区校园文化彰显对教育的阐释力。

罗海鸥校长在解读四川美术学院虎溪校区校园文化中指出："作为一个高等教育大国，在从大到强转型发展的新时代，我们应以更宽广的视野、更大的志向和更高的标准推动一流大学建设。而营建一流校园，实现'以文化、环境育人'，应是题中应有之义。"❷ 川美新校园因地制宜、就地取材、师法自然，融本土性、艺术性和教化性于一体，充分体现教学、创作、社会服务和国际交流合作的大学功能，也是渝川地理、历史和文化的缩影。这样的校园以"出人才、出成果"为目的，体现生态环境文明，展示中国气象和教育意蕴。这样的大学校园文化环境实现了中国大学校园营造传统的回归与超越，这正吻合罗海鸥校长心目中理想的文化景观育人的期望。他在《校园文化景观亦可育人》中指出："大学要将中国优秀传统文化和大学精神融入校园景观，在文化资源和历史底蕴的挖掘、大学精神的弘扬、文化气象的彰显等方面尝试探索，形成隐性教育路径，从而发挥文化景观育人的功能。"❸

第四，解读"去人性"的教育彰显对教育的阐释力。

　　自近代工业革命以后，随着专业化的发展以及求职就业的生存需要，科技教育被加强，物性教育被凸显，加上实用主义、功利主义对教育的侵蚀，人在教育中失落，被抽象化、被边缘化。于是教育逐步脱离人，脱离人性，忘掉了其铸造灵魂、张扬人性和传承文

❶ 罗海鸥. 清华一解［N］. 新清华，2017－05－19.
❷ 罗海鸥. 新时代大学校园如何营造［N］. 中国教育报，2018－05－24.
❸ 罗海鸥. 校园文化景观亦可育人［N］. 光明日报，2019－07－02.

化的本质功能。远离人性，人被弄得残缺不全，没有精神成长的愉悦和心灵的内在欢乐，人就不成为其所是之人。这种"去人性"的教育，充满外在的规训，使人失去内在的生命尊严和文化自觉。这种教育，所关注的是工具理性和功利价值，缺乏对人的终极关怀，无法张扬人性、让人的本质力量充分显现出来。没有对终极价值和绝对真理的虔敬，教育必然偏离其本质，脱离文化，忽视人的生命存在。其所培养的人，就缺乏对生命的"绝对"热情，缺乏高远的精神境界，缺乏理性批判的品质，缺乏克服困难和挫折的意志。没有这些完整的生命品质，人就不再具有生气、自主和创意，就活得不像一个真实的人。结果，教育的本真被遮蔽，手段替代了目的，教育成为类似批量生产的产业，成为将人塑造成型的工具。出现这种情况的根本原因，在于教育偏离了文化定位，脱离了教育本身。❶

三、理论力

罗海鸥校长的"理论力"在于他很鲜明地提出了一套独立的教育理论，即"尽性教育"理论。在前述的理念引导下，罗海鸥校长构建了一个理论模型，这个模型是他把教育作为一种精神性的存在进行富有解释力的一种简化，也就是不仅把理论做到具有解释力，而且具备简约之美，这种"理论力"在罗海鸥校长身上体现得很鲜明。

第一，提出"教育的还原与更新"理论。

罗海鸥校长身上有一种气质，即书生气，可以用这个词来形容罗校长的理论力。书生气在本质上是一种士大夫精神，中国士大夫精神其实就是书生精神。罗海鸥校长本质上是一个读书人，是一个思考者，很喜欢学习、思考。从他的博士论文《教育的还原与更新》可以看出，关于教育、育人，他悟出了道理并提出了一些富有创见的理论。他的博士论

---

❶ 罗海鸥. 教育的还原与更新——试论教育本身 [J]. 高等教育研究, 2005 (11): 17.

文是关于教育、解读人性的研究，通过这些理论释放了其教育情怀。罗校长从教育角度思考一些哲学问题，基于理性与哲学的层面思考什么是美好的教育，什么是有意义的教育。理论是用于解释现象的，同时也来自现象，罗校长的博士论文，显示了他对教育现象有足够的了解，其理论抓住了问题的本质。罗校长提出的理论比较有说服力，能够解释教育的现象，把握教育发展的方向。

第二，提出"教育就是尽性"的理论。

> 通过挖掘传统文化"唯天下之至诚，为能尽其性"，提出了唤醒和铸造灵魂的教育观。尽性教育是使人具有独特性的教育，是人道主义的教育、人的和谐发展的教育。尽性，就是使人成为人，是人的本质力量的全面实现。尽，就是充分实现和全面发展；性，包括人性和物性。尽性，《中庸》有精辟的论述："唯天下之至诚，为能尽其性；能尽其性，则能尽人之性；能尽人之性，则能尽物之性；能尽物之性，则可以赞天地之化育；可以赞天地之化育，则可以与天地参矣。"尽性，体现了自由与责任、人的个性发展与群体的人性发展的统一。尽性教育，让人获取精神的启示，终身受益的学风，增长一种内在的禀赋，不断充实和发展人性，添加超越自身的激情，通过"明明德"，进而"亲民"，追求"止于至善"的境界。这就是教育的本真，就是精神生命成长的规律。尽性教育，使人具有独特性。尽性教育，是人道主义的教育。尽性教育，面向完整的人性，即智情意的全面发展，使人达到内在和谐与外界和谐的平衡和统一。❶

第三，提出"办学水平的三条纽带"理论。

罗海鸥校长以作为中国高等教育史上联合办学成功典范的西南联大

---

❶ 罗海鸥. 教育的还原与更新——试论教育本身［J］. 高等教育研究，2005（11）：18 - 19.

为例，提出精神纽带、制度纽带和资源纽带是提升办学水平的三条纽带。以西南联大的精神纽带为牵引，罗校长提出当今中国大学城内的高校应该克服本位主义的思想，联合成为一个既有个性又有共性的"大学联合体"；以西南联大的制度纽带为牵引，罗校长提出当今中国大学要在联合办学中助推一流大学建设必须进行民主集中的决策和科学管理（委员会制度），必须建立一套行之有效的规章制度；以西南联大的资源纽带为牵引，罗校长提出当今中国大学办学中要做到资源共享，不仅包括物质性资源，而且包括处于核心地位的师资资源、隐性的精神文化资源。❶

四、思想力

"哲学是最一般方面的教育理论。"❷ 从罗海鸥校长的思想可知，他是充分理解这句话的深刻含义的，即大学教育是使哲学的特性具体化并受到检验的实验室，在这个实验室里，"对于一个教育者来说，思想是第一位的，没有思想便没有教育。没有思想家也便没有教育家"。罗海鸥校长很鲜明地找到了这个"哲学基础"，找到了一个办学治校的抓手，其思想主要奠定在坚实的哲学基础上，充分彰显其"对人类本性及其重要性理解"的教育目的。清楚了教育目的，就具有了清晰的教育思想。罗海鸥校长的"思想力"可以从他的三个观点得到彰显，即"大学要着力培养超越老师的学生，大学要具有在人格与学问上和学生具有'势能差'的优秀教师，大学教师要具有执着于立德树人的哲匠精神"。

三个观点中，后两个观点是为了实现第一个观点所必须具备的条件，第一个观点是目的，后边两个是实现目的的条件与手段。综合而说，罗海鸥校长的"思想力"就是"大学要着力培养超越老师的学生"。

---

❶ 罗海鸥，刘志文. 提升联合办学水平的三条纽带——西南联大的成功经验与启示 [J]. 高等工程教育研究，2006（2）.

❷ 杜威. 民主主义与教育 [M]. 纽约：麦克米伦图书有限公司，1916：386.

正如罗海鸥校长所说：

> 真正的大学，是魂与体的完整统一体。大学有体有魂，有血有肉，才能富有生气，有所作为。衡量一所大学有三个层面的标准。第一层面是物力，主要是建筑和设备。这是大学有形的肌体，是大学的外在形象。第二层面是人力，主要指教师与学生的质量。这一层面以人为本，以教授为核心、学生为主体，是大学流动的血液，是大学的生命力所在。第三层面是理念（或曰精神）。主要指一所大学的办学理念、精神境界和学术文化氛围。它是大学无形的灵魂，是大学的神经中枢。●

> 培养超越老师的学生，其实也是中国大学的传统理想。如鲁迅亲自设计的北京大学校徽，主要由"北大"两个篆体字构成：下面一个"大"字，像一个人，象征教师；上面的"北"字，像两个人，象征学生。两个学生背靠背，表示他们是和而不同的君子，各自具有独立人格，只追求真理，不相依附，不拉关系。他们站在教师肩膀上，寄寓学生在教师的无私教导和帮助下站得更高、看得更远、更有作为的期望。❷

可见，罗海鸥校长的思想力的理论基础是"尽性主义"哲学。梁启超在阐述他的所谓"自由教育"的自由主义教育哲学过程中，提倡一种"尽性主义"的主张，这个思想主张的实质就是要求受教育者要充分发展自己的个性。我们的教育应该把发展个性、培养独立自主的人格、能够充分发挥自己的特殊才能作为最重要的任务来对待。梁启超认为，这个所谓的"尽性主义"，本来是中国传统文化中的应有之义。他说，教育方面的道德要求，首先就是"发展个性"，因为"凡是一个人不能发

● 罗海鸥，刘志文. 提升联合办学水平的三条纽带——西南联大的成功经验与启示[J]. 高等工程教育研究，2006（2）：87.

❷ 罗海鸥. 大学应该培养什么样的人 [J]. 教育导刊，2001（21）：16.

展他的个性，便是自暴自弃。孔子说："唯天下至诚为能尽其性，能尽其性，则能尽人之性。"尽人之性，便是一个人处于特殊的地位，将固有的特色，尽量发挥，这才不辜负我们的一生。其实，"唯天下至诚为能尽其性"出自《中庸》。这都是指通过教育培养国民精神，核心内容就是必须"发展个性"。❶

五、实践力

罗海鸥校长的"实践力"从笔者在 2017 年云南省高等教育学会年会上听他讲座之后提问交流的问题——对"您作为大学校长，具体是怎样开展治校工作的？"与"请您谈谈您是如何在具体的治理实践中得到发展的？"——的回答中得到体现。他结合其在任岭南师范学院校长六年多的职业过程，以及他在党委书记岗位上的一系列实践经历，做出了如下解释：

> 在办学治校中主要围绕打好"四场战役"进行：一是打好主体战，即办学以优师为本，教育以学生为本，一切工作紧紧围绕教师队伍建设与人才培养这个主题工作进行，丝毫不能偏移；二是打好特色战，即在众多一般地方本科师范院校中，要围绕地方区域经济社会发展的需求以及学校本身的历史优势传统，打造本校特色的学科、特色的专业、特色的课程、特色的人才培养优势；三是打好协同战，即学校与政府的协同、学校与其他学校的协同、学校与地方企业的协同、与用人单位的协同、校内自身学科专业之间的协同；四是打好境教战，即校园环境的优化美化，办学就是办环境，提出"人在哪里，教育在哪里；景在哪里，教育也在哪里"的观点。

经过听取他的主题报告和他简单交流之后，会让人明白，一个有治

❶ 邓金凤.尽性主义教育哲学观视角下的语文终结性评价初探［J］.剑南文学，2013（6）：334.

理能力的大学校长，是确确实实、清清楚楚地抓住了大学校长的基本任务，并且带着自己的理念身体力行地办学治校。经过 8 年的治理，岭南师院校园里每一个旮旯角落，都鲜明地渗透着他作为一校之长（后两年为党委书记）的心血、情感、智慧与灵魂。❶

六、学习力

从前述几个方面可以得知，罗海鸥校长很好地把办学理念、理论、话语、思想和实践形成了文字作品并得到很好的反响。众所周知，在成就一个教育家的元素中，一定具备超出常人或足以跨跃时空的智慧结晶，这种智慧结晶可以留下很多精雕细琢、彪炳后代的文字，这就是"学习力"。罗海鸥校长的"学习力"是很明显的，作为华中科技大学高等教育学专业的博士，作为一所地方本科师范院校的老师、主要管理者，他结合自己的专业认知和管理实践，全方位地总结了每一个阶段的教育认知与治校经验。而且还站在第三者的旁观立场，❷ 对代表中国最高学府的北京大学与清华大学的象征性文化符号进行了别致而深刻的阐释与解读。具体来看，罗海鸥校长的学习力如下：

第一，发表多篇学术理论文章。

在《教育研究》《高等教育研究》《高教探索》《光明日报》《中国教育报》等权威报刊上发表几十篇学术论文，诸多文章不只是从文化的视角，而是从多元文化的视角谈教育。一个大学校长，如果能够真正地去学习和思考，就是一所大学最大的幸福和力量的源泉，罗海鸥校长很多活力都是从学习和思考层面汲取来的。

第二，理直气壮地解读名校精神文化符号。

---

❶ 2017 年 11 月 3 日下午 14：30—16：00，罗海鸥校长在云南省高等教育学会学术年会上的报告中所讲。

❷ 2017 年 11 月 3 日下午 14：30—16：00，罗海鸥校长在云南省高等教育学会学术年会上的报告中所讲。

罗海鸥校长作为一个既不是北大人，又不是清华人的第三者，理直气壮地对中国最权威大学——北京大学的校徽和清华大学校名进行了深刻解读，这本身就是一种学习力的典型彰显。尤其是把这种解读做到了极致，是让北大人与清华人都无可挑剔的极致，在大学精神文化的普遍认识上做出了贡献。

第三，生命力强的人追求生命力强的学习。

罗海鸥校长是一个生命力很强的人，从他的办学理念、办学思想、办学风格等可以得知。他认为，那些寻常知识，特别是那些老师分享给学生的知识是不重要的，只要买一本书，借一些材料，看一眼就可以了。重要的是那些尝试和切实学习行动的产生，需要动手，需要调动多个感官的参与，需要通过自己的经验去认识、了解它们的重要性。罗海鸥校长认为，学到的任何知识和技能都不重要，重要的是要找到一个提升精神境界和创新思维的方式，并加以很好地应用。

七、育人力

罗海鸥校长作为一所大学的主要支配者，他具有建构吻合特定学校发展和师生员工利益的理论价值观，在其理念、思想、理论的实践下，培养并发掘了各种师资人才和学生。这就是罗海鸥校长的"育人力"。罗海鸥校长认为，发掘一所大学的"育人力"需要从以下几方面开展：

第一，使学生明白什么是大学。他说：

> 大学有三个层面，第一个层面我把它看成是物力的层面。这相当于大学的机体，大学的肌肤，外在的形象。例如大学的占地、建筑、设备。这些是有形的，看得见，摸得着的。第二个层面就是人力的层面，主要是指师生。它是流动的，是大学的血液。这里以教授为主体、为核心，以学生为主体。一个大学有没有生机，有没有活力，很大程度上就看这个大学的老师和学生的素质。你看西南联大校舍很差，但它集中了北大、清华、南开最好的老师，可谓大师

云集。学生也是非常优秀的。如果没有好的血液，那么大学就办不好。最后一个层面就是相当于"灵魂"的大学精神、境界、理念、学术文化氛围等。这些都是无形的，是大学的灵魂。西南联大之所以能培养那么多人才，关键就是拥有一种高远的精神境界，一种高尚的灵魂。所以我觉得衡量一所大学，什么是真正的大学，可以从这三方面来看。❶

罗海鸥校长还说："大学是人类古老而又常青的伟大组织，也是学问高地、人才高地、文化高地和责任高地。"罗海鸥校长指出，对同学们来说，大学代表着学问。学问，代表着一种求真的精神、一种严谨的态度、一种探索的志趣和一种创新的热诚；代表着一种追求卓越、立德树人的生活方式。这是付出艰苦劳动的、寂寞的地方。大学关注的不是个人利益和琐碎小事，而是整个国家乃至世界和人类生活的大事，代表着品质和担当。❷

第二，使学生明白上大学学什么。他说：

简单概括而言，就是学做人，学做学问，还有学做事。做人，做一个什么样的人？按照杨朔的话，要做一个大写的中国人，堂堂正正的中国人。还有做一个中国的大学生，再高一点的要求就是做一个具有高素质的专业人才。你们都是国家的力量，将来，我们中国在国际上，跟美国跟日本竞争的都是你们，都是你们这些受过高等教育的人，所以你们除了要有一种爱国情怀以外，还要有真材实学。但人不是生而至善的，有一个"正心""修己"的过程。做学问什么意思呢？"穷理"，就是要探究世界的真理，探究做人的道理；就是要养成一种终身学习、自主学习的能力。大学不过四年，

---

❶ 罗海鸥. 穷理正心，修己治人——与2010级团学干部谈大学与大学生活, 2010 - 11 - 14.

❷ 谌亮军. 罗海鸥给3000多名新生讲思政第一课 [BE/OL]. 学习强国平台, 2019 - 09 - 29.

时间是非常有限的，在漫长的人生过程中，更多的是靠我们去自学。适应各个不同的工作岗位的需要。还要有一种钻研的精神。对所碰到的人和事，凡事都要问一问为什么，要有一种学习习惯。我们大学生要有一种批判性的思维。脑子长在自己的脖子上。还有做事，我们做事要敬业，要精业，还要创业。我觉得大学生跟没有受过高等教育的人来比有很大的不同，我们做事应该跟他们不一样，就是说，我们始终用一种探究的精神，一种精益求精的精神对待我们的工作和职业。❶

第三，引领人才培养取得实绩。

在全校以考研带动学风建设，提高人才培养质量，是罗海鸥校长主政岭南师范学院多年的做法。通过每年参加一年一度的考研总结表彰大会，营造了浓厚的学生考研升学氛围，给岭南师范学院的学风建设注入了一针强心剂，使学生在这样的氛围中获得了一种你追我赶的学习热情。岭南师院毕业生考取国内外硕士生的人数年年增长，从 2009 年的137 名到 2017 年的 480 名，翻了 2 倍多，连续两年毕业生考取率超过毕业生人数的 8%。其中有的学生考上北大、清华、中国科大、哈佛大学、纽约大学、悉尼大学、墨尔本大学、列宾美术学院等世界名校。

八、决策力

一位优秀的学校管理者，必须是一位乐于学习的管理者、一位勤于实践的管理者。具备这样的素质，管理者才能拥有高超的决策力，才能在学校的管理工作中做出行之有效的决策。在罗海鸥校长的带领下，岭南师范学院坚持"勤教力学、立己树人"的办学理念，采取"错位竞争、内涵发展、特色兴校"的发展策略，团结广大教职员工，致力于建

---

❶ 罗海鸥. 穷理正心，修己治人——与 2010 级团学干部谈大学与大学生活，2010 - 11 - 14.

设一所特色鲜明的高水平师范院校并取得了突出的成绩。

具体来看，罗海鸥校长是围绕前述"四个主要战役"来进行决策的——主体战、特色战、协同战、境教战。罗海鸥校长抓住了学校治理的决策点，把握四个层面的决策点就等于把握好整个学校的决策线和决策面。

从具体的"决策点"所彰显的决策力来看，罗海鸥校长在"境教战"方面所做的决策可谓是匠心独运、可圈可点，影响深远。

为了打好"境教战"，以涂又光先生提出的"泡菜汤理论"为指引，因地制宜、就地取材、师法自然，营造了一系列低成本、大空间、多功能、体现中华优秀传统文化、大学精神和师范特色的文化景观。这些景观的营造，无不体现其心志专一、精益求精的工匠精神。他甚至还以"厚植工匠文化，教育从何入手"为题给学生上"思政第一课"，后被《中国教育报》全文刊发。他系统深入地对古今中外源远流长的"工匠文化"和"工匠精神"作了阐述，指出培育工匠精神的重要渠道之一是良好的人文艺术环境，工匠精神包括心志专一的本性、甘于寂寞的耐性、精益求精的心性、锐意创新的个性、勤俭简朴的品性、慎言笃行的习性。❶

九、执行力

罗海鸥校长是一位学做结合、知行合一、积极践行大学治理观的大学校长。正如他自己说的：

> 提高执行力最关键的是目标定位、过程控制和用人成事。我一直以来都是紧密结合学校工作实际，强调以新的形势和目标要求不断提高执行力，提高执行力主要围绕几个方面进行：一是在工作目标定位上要有新的视野；二是在现代大学制度建设上要有新的进

---

❶ 罗海鸥. 厚植工匠文化，教育从何入手 [N]. 中国教育报，2017 - 04 - 06.

展；三是在协同创新、提高办学水平和教育质量上要有新的举措；四是在加强队伍建设上要有新的作为；五是在关爱师生建设幸福湛师（岭南师范学院）上要有新的要求；六是在带头提高执行力、解决重点难点问题上要有新的贡献。

尤其值得强调的是，罗海鸥校长为了推动学校的教学改革，在百忙之中坚持每个学期深入课堂听一线教师的课，每听一次课都专门与教师进行教学方面的交流，在打造优秀的课堂教学水平方面引领教师打造一系列的教学亮点。学校一次就拿到两个省级教学成果奖一等奖，这在全省同类院校中是罕见的。

管理学大师彼得·德鲁克认为，管理是关于实践的学问，其本质不在于"知"而在于"行"。荀况说："知之不若行之，知之不行，虽敦必困。"罗海鸥校长的执行力和行动力是一流的。

十、影响力

每个大学校长都会尽力走出一条属于自己的办学治校之路，而罗海鸥校长所选择的路是，让办学治校者知道办学就是办环境，办学治校者必须懂得用环境去装点学生的心灵。罗海鸥校长的一言一行、态度表情，都在于从育人的角度去影响学生自愿接受并融入其所置身的大学。作为大学校长，罗校长仍然坚守大学的初心和使命，一定要让学生在特定大学环境里获得在他们心里追求更大舞台的内在力量，处处打造彰显育人效果的人文景观以便激励和鞭策学生。换言之，罗海鸥校长身上具有符合优秀大学校长的气质，除了具有良好的表达力和思辨力之外，其身上还有一种很可贵的力量，即感受力。他总是设身处地地站到学生角度去感受什么是好大学，什么是好教育，感受什么是生命的价值和尊严。共情力最弥足珍贵的地方是，可以让人始终对伤害持有戒备，知道痛苦是什么，就不再轻易地去伤害别人，这是一种治校的美德，大学校长需要这样的美德，学生需要这样的美德，人类社会需要这样的美德。

这些元素让大学校长在引领一所大学往前走的过程中，让师生感到温暖和鼓舞。这就是罗海鸥校长的"通晓大学诚性的能力"。具体看，罗海鸥校长的这种"影响力"还从以下侧面得到证明：

第一，作为学界权威评审成员辐射出来的影响力。

罗海鸥校长曾连续担任三届广东省哲学社会科学优秀成果奖教育学、心理学和体育学评审小组组长；担任广东省学科评议委员会委员；担任"谁是广东教育界最有口碑的人物"评委。2017年广东省结合对教育的理解，评委们以"积极的社会影响力""饱满的教育情怀""扎实的学术能力""教育创新的精神""立德树人的典范"为主要评价参照，从15名候选人中选出了8名"口碑人物"。罗海鸥校长担任其中一个主要评委。

第二，作为优秀学者和优秀校长辐射出来的影响力。

罗海鸥校长作为"南粤优秀校长"、湛江市首批优秀拔尖人才，被邀到华中科技大学、厦门大学、北京师范大学、云南大学、台中教育大学等知名高校讲学。其"学者型校长"的魅力广泛受到好评和欢迎；罗海鸥校长在办学治校中始终以"人在哪里，教育在哪里；景在哪里，教育也在哪里"为理念，始终以创设优美的校园文化景观为抓手，主创营造岭南师范学院校园文化景观并获广东省校园文化优秀成果特等奖。2017年岭南师范学院获得广东省首批文明校园（中央文明办、教育部要求，文明校园标准主要是"六个好"：领导班子建设好、思想政治教育好、活动阵地好、教师队伍好、校园文化好、校园环境好）。超过70所两岸大学校领导到岭南师范学院参观学习，台湾教育大学系统总校长吴清基盛赞"岭南师院，教育典范"。《中国教育报》以《罗海鸥：用景为校园画出中华魂》对其作了大篇幅的专题报道。以上这些鲜明地反映罗海鸥校长"区域教育家"的影响力。

第三，罗海鸥校长在岭南师范学院的办学实绩辐射的影响力。

在物质文化方面，罗海鸥通过对校园景观文化的建设，带动了校园环境的巨大变化，初步实现了"以美育人，以文化人"的理想境界。

在精神文化方面，引领了从湛江师范学院到岭南师范学院的校名变更；举办了影响极大的纪念师范教育110周年系列活动，台湾师范大学、北京师范大学和华东师范大学的校领导参加并同时讲学。每年超过百名名家名师来校讲学。像潘懋元、南国农、李延保、黄达人、吴为山、李萍、钱文忠、崔永元、吴清基、张国恩、吴武典、李培根、周作宇、叶澜、谢维和、邬大光、丁钢、石中英、张斌贤、刘献君、张应强、卢晓中、周海涛、别敦荣等一大批名师名家都曾来校指导讲学，能够把这些人物请到学校讲学，足见其感召力和影响力。以此营造浓郁的学术文化氛围，极大地激发了广大师生的进取心。

在人才培养方面，所在学校学生多次获得省大学生"挑战杯"优胜杯；每年有300多位同学到国外境外游学；学生考研每年创新高，2017年6月23日，《南方都市报》以《中大华工是"学霸"，岭南师院也不差》为题，对岭南师院毕业生考研的出色表现作了报道；毕业生质量在同类院校中位居前列；学校多次获得省级教学成果一等奖，每届省级优秀哲学社会科学成果奖均有二等奖甚至一等奖。

在经费筹措方面，还掉贷款4.1亿元，离任时还留下1亿多元给后任。

在综合实力方面，教职工的收入增加了一倍；师资力量、教学质量、科研成果和国际交流等均居全省同类型院校前列；学校被省领导誉为"粤西教育的黄埔军校"，是省内最充满生机活力的本科师范院校。

总之，罗海鸥校长通晓大学诚性，并具有相应的十种能力。这种诚性最大特点就是知行合一，这在当今时代是难能可贵的。正如著名哲学家、教育家涂又光的长子许健先生所说："我在岭南师范学院看到的，就是我理想中最好的学校。学术气氛非常浓厚，学术辩论非常自由。我只在西藏拉萨大昭寺看到佛教徒们辩经时看到过类似的情景。没有这样的学术环境，谈做学问是一句空话。读罗海鸥的文章，观他做的事，我曾经问过我自己，罗海鸥是位纯粹做学问的学人吗？我看到的是他在一丝不苟兢兢业业地干实事，罗海鸥是位只会做实事的实干家吗？我读到的是他立论严整思路清晰充满灵气的好文章。所谓知行合一，大概不过如此吧！"

清华大学教育研究院程建钢教授则说："罗海鸥校长是一位有理念，有情怀，想做事，且能做成事的大学校长。"而台湾教育大学系统总校长吴清基教授在罗海鸥主政期间，曾七次莅临岭南师范学院讲学，参加两岸大学生夏令营和师范教育研讨等活动，他的评价是"岭南师范，教育典范"。

岭南师范学院党委办副主任钟明杰对罗海鸥校长的评价是：

至诚尽性，明德亲民，

大学之道，中土文脉。

析物求真，分权晓利，

科学之器，西方术数。

中西际会，道弛器张，

心物激荡，德缓利急。

返身自诚，尽性复命，

一心十力，鸥翔海陆。

把握大学之用的能力

——上海电力大学校长李和兴

（笔者与李和兴校长访谈结束时的合影）

访谈时间： 2017 年 11 月 9 日 10：30—11：30

访谈地点： 上海师范大学徐汇校区化学楼 323 办公室

访谈方式： 面谈

【李和兴校长简介】男，1963年7月出生，汉族，博士，教授、博士生导师。1987年7月参加工作，曾任上海师范大学副校长。2011年1月至今，任上海电力大学校长。李和兴教授是上海师范大学稀土功能材料上海市重点实验室主任、资源化学教育部重点实验室主任、上海师范大学博士生导师。

笔者是在2017年6月6日到8日期间，李和兴校长作为教育部审核评估专家组到曲靖师范学院进行评估的时候认识的。之后笔者于2017年11月2日给李和兴校长发了一条短信预约访谈。他及时给予了回复："没有问题，你来上海时与我联系。"

于是如约与李和兴校长进行了访谈。以下是结合访谈内容进行的简要分析。

一、革新力

李和兴校长的"革新力"，从他紧紧抓住"实用""应用型人才""技术"这些关键词中可以得知，访谈中他说道：

> 上海电力大学作为中央与上海市共建、以上海市管理为主的全日制普通高等院校，始终坚持"立足电力、立足应用、立足一线"的办学方针，树立"务实致用，明理致远"的办学理念，以"高质量、有特色"为目标，实行多层次、多规格、多形式办学，坚持面向电力生产和现代化经济建设第一线，培养基础理论扎实、实践能力强的高等工程技术人才。学校的《中长期教育改革与发展规划纲要》又进一步将"培养和造就卓越的高等技术应用型人才"作为发展的核心理念；把培养"现场工程师"作为人才培养的基本定位。抓住机遇，开拓创新，实现由合格本科向特色鲜明的高水平应用技术大学转型。"应用型本科教育"一直都是上海电力大学办学的中心任务。

"高水平应用型人才""现场工程师""应用本科教育"是作为校长的李和兴从 2011 年以来念兹在兹的办学灵魂。

二、阐释力

李和兴校长在办学治校中对上海电力大学一些问题的认识可以折射出他的"阐释力",比如,在关于"在治理实践过程中存在办学治校资源的缺口"问题上,李校长认为缺口很大,而且是办学治校中的一个巨大障碍,但是作为校长要尽量地去争取各种资源(包括专项计划和课题、校企合作、社会各界捐赠、共享机制),要强化造血功能,包括各类创收、成果转化和技术服务等,同时要提倡资源节约。这很难,关键是要得到政府的支持。同时,在争取各种"项目"方面,要及时了解信息,加强与政府、企业以及其他社会团体的沟通,精心设计课题或计划,探索共享共赢机制,充分发掘校友资源;关于"在治理实践中面临的人才困境"的问题,李校长认为是缺高端人才、缺高水平团队、缺资助人才成长环境(博士点、国家平台、资助经费)。解决这个问题需要建立引智工程,刚柔结合引进高端人才。建立青年人才培养工程,加大资源、经费投入,聘请国内外专家担任导师或组建学术团队,选派优秀教师到国内外知名高校进修,促进人才培养。加快双师型队伍建设,提升校企合作能力;在关于"在治理实践中面临过什么样的典型的重要事件"问题上,李校长面临新校区建设的挑战,在事件中扮演着策划和统领,沟通协调,争取资源的角色,做到精心规划蓝图、明确路线图、指标分解、分部分阶段落实,上下沟通,内外协调。并且在这个过程中也存在一些自身不能处理的问题,因为涉及资金周转,老校区面临被置换的情况,而教职工和校友不答应,同时教职工安置也需要上级政策倾斜。事件最后的结果是保住老校区,顺利建设新校区。依托校党委领导,李校长在这个过程中努力做到了顶层设计、高层协调、内部安定,李校长做到了谋事在人成事在天。

三、理论力

结合相关问题从与李和兴校长的交流中可以看出，李和兴校长办学治校中的最主要的理论是"平衡理论"。在思考关于一些工作计划的过程中，李校长说道：

> 做计划先是勾画，再征求意见，最后再确定。自己确定工作计划的行动指南是学校发展、民生保障、安全稳定。并且需要与上级主管部门签订责任状。上级考核自己是通过学校实绩、个人小结、群众测评意见、班子民主生活会。这样的考查是有必要的，因为可提高办学水平和获得资助。

这里可以看出李和兴校长在进行工作计划的过程中，起码要平衡好学校顶层计划与学校广大师生现实具体愿望之间的关系，要平衡好发展与稳定的关系，要平衡好学校与上级主管部门之间的关系，要平衡好全局与局部的关系等。

四、思想力

李和兴校长的"思想力"紧密结合他的行业特色人才培养思想，也就是"高水平应用型人才"的人才培养理念，他说道：

> 我校在深化教育改革进程中，积极贯彻中央精神，坚持把立德树人作为根本任务，把思想政治工作贯穿教育教学全过程。全面实施学科专业特色、核心课程质量、实践创新能力、教师教学能力"四大提升工程"，全方位提升人才培养质量。通过核心课程群建设构建知识传授、创新能力培养、素质教育"三位一体"的学科专业核心课程群结构体系，推进了国家级特色专业、教育部专业综合改革试点专业和上海市专业综合改革试点专业的建设，建立了包括学生评价、督导评价、同行评价、自我评价以及管理者评价在内的

"五位一体"的教师教学评价系统。一切都是着眼于培养"高技术应用型人才"。

可见，李和兴校长的"思想力"的理论基础主要是"实用主义"的教育思想。

五、实践力

李和兴校长的"实践力"可以从以下一些具体的事件中彰显，他说道：

> 我们学校是一所行业特色鲜明的高校，学校自建校之初就把电力行业对可靠性的高标准和严要求体现在对学生责任感的培养之中。从"三坚持"的办学指导思想到"三全三重"的育人理念，从思政教育"四联动"育人机制的实践到近两年"双轮并进"的学生培养模式的探索，学校党委一直有针对性地通过理论引导、情境激发、行为养成、实践体验等途径，提升大学生的历史使命感和社会责任感。

> 学校对接国家"一带一路"倡议，服务全球能源互联网建设，相继发起成立"国际电力高校联盟（E10）"、沪上电力企业事业品牌"上电论坛"，承办了上海论坛 2017 高端圆桌会议"绿色·发展——能源互联网的使命"和双创高峰论坛"一带一路与智慧园区"。过去两年中，400 余名中资企业人员及 300 余名国外电厂员工在我校接受培训。"上海电力大学'一带一路'能源电力海外实训基地"和"上海电力大学中葡文化交流中心"相继挂牌成立，进一步拓宽了学校国际交流平台。2017 年 5 月 5 日，全球首个"一带一路"能源电力国际人才培养基地在上海电力大学成立，标志着"一带一路"能源电力人才教育品牌初步形成，将为"新丝路"培养和输送更多优秀的"光明使者"，有效提升我校在行业和专业领域的国际影响力。

六、学习力

李和兴校长的"学习力"可以从以下几个细节体现。

第一，针对访谈提纲在未见面前的详细解答。

在预约李和兴校长访谈之前，他不但答应当面交流，而且在当面交流之前他要求笔者把课题访谈提纲的电子版先发给他，他针对访谈提纲的所有问题一一进行了电子版回答，且把回答后的电子版的内容通过电子邮件发给了我，特别嘱咐说："有回答不到位的地方，待见面再详细交流。"

第二，他的丰硕的科研成果彰显了学习力。他承担国家自然科学基金重点项目及国际合作重大项目、科技部 863 专项和上海市基础研究重大项目等。发表 SCI 论文 200 多篇，其中 ESI 8 篇。这样丰富的科研成果没有学习力是难以企及的。

第三，一些工作撰文体现其学习力。李和兴为校报专栏撰文《牢记"光明"使命，强化电力特色，以实干奋进喜迎党的十九大》（2017 - 09 - 30）；亲自撰文《大学生的使命与职责》并且给学生们上课；撰写《"学而思 思而悟 悟而行"十九大精神主题学习报告》并给全校上党课；发表教育论文《大学教育亟需深化改革》（《社会科学报》，2009 - 10 - 15 第 5 版）。

第四，兼任上海师范大学教育部重点实验室的主任，组织策划学科平台建设。

七、育人力

李和兴校长的"育人力"是鲜明的，他提出在育人上要在德与智之间处理好九组关系，他说道：

> 人才培养、知识创新、社会服务是大学的三大功能，其中人才培养是中心任务。本科生、研究生、留学生、教师、社会成人都是

我们学校人才培养的对象，本科生是最重要的部分。办学就是要为党的事业、国家的发展、社会的进步培养人才；对学生我们有考试、实习、讲座、社会实践等多种形式的培养机制，对教师我们也有"五位一体"的评价体制，这都确保了我们能够培养出既有高尚思想品德和人格魅力又有创新创业能力的人才。德才兼备、身心健康的人才能学会处理"勤奋与成功""特色与优势""包装与实力""公平与竞争""灵活与坚持""个人与团队""扬长避短与取长补短""能力与潜力""职业与事业"九组关系。

他还说："近三年来，学校研究生毕业就业率均为100%，本科毕业生就业率始终保持在97%以上，其中2017年毕业生就业率达97.87%，毕业生深受用人单位的欢迎和好评。我校本科毕业生在电力行业的就业率一直处于较高水平，2017年电力行业就业率为34.19%，充分体现了学校的办学特色。"❶

另外，李和兴校长还担任教育部化学化工学部委员、上海市稀土学会理事长、中国光催化专委会副主任、上海师范大学的教育部重点实验室主任，担任博士生导师，这些都是其育人力的表现。

八、决策力

李校长在治理实践过程中是通过了解、讨论、思考来进行决策的。李校长对领导者必须是"做正确事情的人"的观点基本认可。做正确事情没有问题，敢不敢做、做多做少是另一回事。在平日的治理中，李校长主要是通过如下渠道知晓上级主管的意图：参考文件或通知精神，不明白的通过其他渠道深入领悟，不作随意猜想和联想。李校长还提供了一些相对能够观察的、可说明的具体实例，例如，上级指示既要坚决执

❶ 曹继军，颜维琦. 上海电力大学：培养能源电力特色人才［N］. 光明日报，2018-06-11.

行，更要精确执行；遇事要提倡民主集中制，多沟通，多交流，形成合力提高办事效率。

在关于"影响您执行决策的因素有哪些"的问题上，李校长认为是综合因素难以平衡、左右为难，此时最好深入调研，三思而后行。

在关于"进行决策和执行决策中是以师生需求为本还是以上级意图为本"的问题上，李校长认为这两者一般不会有矛盾，如果他个人认为有矛盾，应该主动与上级沟通。

在关于"进行决策中，在师生不参加相关会议的情况下您是如何知道师生的需求的"问题上，李校长认为是通过平时走访、听取汇报，这些非常关键。

在关于"分管副校长在校长的决策和执行过程中有什么作用"的问题上，李校长认为分管副校长是高级参谋、得力助手、联系桥梁。

在关于"您在治理实践的决策执行中与学校的历史文化是怎么对接的"的问题上，李校长认为既要坚决维护学校历史文化积淀，又要按照时代发展。要积极发展学校文化，充分考虑学校历史文化，稳步推进新时代学校文化工作。

九、执行力

在访谈中，从李和兴校长谈及的关于上海电力大学的几件大事上可以明显感受到他的"执行力"：临港校区建设、学科建设、博士点申报、更名大学等。这些是李和兴校长在任校长期间主要办的大事，虽然难度很大，但都勇往直前。另外，在关于"目前主要的实际工作"的问题上，李校长认为是学校内涵发展和安全稳定；在关于"日常最繁忙的事情是什么"的问题上，李校长认为是认真学习理论、积极落实上级任务、推进学校内涵发展、上下左右沟通、听取汇报并指导、宣传和发动群众。这些问题都充分说明了其执行力是强大的。

十、影响力

李和兴校长的"影响力"毋庸置疑,可以从以下几点得知。

第一,他的科研与获奖产生的影响力。他承担国家自然科学基金重点项目及国际合作重大项目、科技部 863 专项和上海市基础研究重大项目等;发表 SCI 论文 200 余篇,其中 ESI 8 篇,为 Chem. Sci. 和《J. Photochem. Photobiol》等撰写综述,论文他引超 5000 次,主编英文专著 1 部;获授权专利 55 件;获批"国家杰出青年基金"和"上海市领军人才计划",先后获教育部自然科学一等奖和上海市自然科学一等奖与二等奖、上海市发明专利申请二等奖等。被评为上海市领军人物和教育部优秀青年教师等,享受国务院特殊津贴。

第二,他的多种兼职产生的影响力。他先后担任上海师范大学化学系主任、生命与环境科学学院副院长、院长。现任稀土功能材料上海市重点实验室主任、资源化学省部共建教育部重点实验室主任、全国光催化专委会副主任、全国催化专委会委员、上海市稀土学会理事长、上海市环境学会副理事长以及 Appl. Catal. B 副主编并担任《Res. Chem. Inter.》的嘉宾主编。

第三,他对自己成为大学校长的解答折射出其影响力。他说:"成为大学校长是对人品、学术、能力等的综合考量,既要有一定的实力和业绩,也要有机遇更要有人品。当校长意味着一份沉重的责任。不同高校对大学校长的选拔要求不一样,甚至差别极大,我不足为谈。"

总之,李和兴校长给人的感觉是精干,其自身装备精良,战斗力强。

推动大学发展的能力

——南京晓庄学院校长许承明

（笔者与许承明校长访谈结束时的合影）

访谈时间： 2017 年 11 月 7 日 14：00—15：00

访谈地点： 南京晓庄学院行政楼贵宾接待室

访谈方式： 面谈

【许承明校长简介】男，1960 年 1 月生，安徽省广德人，1993 年 12 月加入中国共产党，1977 年 1 月参加工作。经济学博士，教授。1980 年安徽省芜湖师专数学系专科毕业；1984 年安徽教育学院数学系本科毕业；1988 年上海交通大学应用数学系硕士研究生毕业；2001 年复旦大学产业经济学博士研究生毕业；2001—2002 年美国南加州大学商学院高级访问学者。2005 年 8 月起，任南京财经大学副校长、党委委员、党委常委；2014 年 4 月至今，任南京晓庄学院校长、党委副书记、党委常委。

访谈许承明校长之前，笔者于 2017 年 11 月 1 日通过在南京大学读博士时的校友王宁老师联系上了许承明校长。王宁老师是南京晓庄学院商学院党总支书记。给王宁老师发微信后，王宁老师很热情地说没有问题，可以帮助预约许承明校长接受课题访谈。经过王宁老师预约，许承明校长欣然接受访谈。于是，于 2017 年 11 月 7 日 14：00—15：00 笔者对许承明校长进行了访谈。见到许校长的第一句问候语显示了其平易近人的一面。整个访谈在一种很和谐的气氛中进行。以下是结合访谈内容进行的简要分析。

一、革新力

许承明校长的"革新力"，体现在他归纳的"五个发展"中："规范化发展，规律化发展，创新化发展，开放化发展，未来化发展"。访谈中他说道：

南京晓庄学院虽然有快一百年的历史，但是从新建本科院校角度来看，太短暂了。因为短暂，所以很多方面的运转是欠缺规范化的，是违背教育规律的。在具体的办学治校中，怎样把大学精神有效地契合在晓庄学院里，这个是规范化发展与规律化发展中最基本的。因为大学精神古今中外以来，其内核有些东西是不变的，可以把不变化的大学精神内核性的东西提取出来引领南京晓庄学院的发展。在今天这个开放的时代，怎样把这样一些精神嵌入一所大学的发展里，途径是开放化办学，把尽可能多的老师送出去看看，到发达国家去学习，到国外好的大学去，看看、学学人家大学那些入流的东西，人家那些入流的东西是否吻合不变的大学精神与大学之道，人家是怎样做到规范化发展的，我们可以在人才培养与科学研究中学习借鉴人家规范化发展中的一些东西。只有先把大学做到规范化发展和规律化发展，才能谈大学的创新化发展，没有前面两条作为基础，谈创新化发展就是胡说八道、痴人说梦。进而，再把规范化发展与规律化发展融合进大学所处时代的具体需要之中，尤其是在今天的信息化时代、互联网时代、人工智能时代，人们学习获取知识的渠道和手段与之前是截然不同的，大学要在规范化发展基础上提供一种完全开放化的知识获取平台。在过去，教育教学的两大主体之间，即老师与学生之间的关系是不对等的，老师通常站得都会比学生高，老师掌握的东西通常都会比学生丰富。而今天不一样，老师与学生之间的关系是对等的，即老师站得不一定比学生高，老师所掌握的知识信息不一定比学生多。在这样的情况下，人才培养的模式、教学理念、教学目标、教学方式、教学内容以及教学评价机制理应发生改变。只有做到规范化发展、规律化发展、创新化发展、开放化发展的大学，才能培养面向未来的人才。对于已经确定的东西，应该让学生好好地掌握。对于不确定的东西，应该培养学生应对未来不确定事物所需要具备的素质，这个是大学校长需要思考的问题。

许承明校长的"革新力"是体系化的、鲜明的。

二、阐释力

许承明校长的"阐释力"体现在关于办学资源缺口方面等问题的阐

释中。作为地处发达地区的大学,办学资源的缺口主要不是在经济资源上,而是在学术资源上,在学术资源上又主要体现在五个层面。他说道:

第一,学术资源的单一性。因为南京晓庄学院是在专科的基础上升为本科的,办学层次的单一性导致其学术资源的单一性,而且在向更高一级办学层次迈进的过程中,会遇到一些体制机制的障碍。由于没有一定层次的学术资源,办学过程中在引进人才方面也就存在一些限制,如专业发展的平台问题、学术环境的创设问题等,而要促使一所大学达到良性循环的发展,学术资源与人才队伍两者之间的关系是起决定性作用的。

第二,师资队伍建设存在的问题。没有人才就没有好的学科建设,人才是最大的学术资源。人才队伍要与学校的学科结构、专业发展、人才培养目标相匹配,人才的水平是随着办学的发展需要不断提升的,大学里的人才不能是原地踏步的。一个人才,他从助教到教授之后,不能万事大吉了,到教授之后更要继续提升其教授的水平,不断地超越自己的水平,这样的人才才是最根本的办学资源。但是很多人一旦当上教授就懈怠了,就失去学术创造与学术追求的热情了。

第三,怎样处理好教师存量与增量的关系。任何一所高校都要在存量与增量上进行师资队伍建设。存量方面,要从结构性上建设已有的教师队伍,调整好不同的岗位匹配,尤其是了解大部分教师是否适合其岗位的工作。作为新建本科院校的南京晓庄学院,教师队伍建设主要是在增量上下功夫,如大量引进学科带头人,学科带头人是绝大部分大学都存在的师资缺口,引进是一项需要下力气长期进行的工作。另外要引进一些高水平的博士,尤其是在生师比有普遍缺口的情况下更是需要大量优化教师队伍。这是一个永恒的话题,需要持续性的努力。

第四，大学校长的角色困境问题。在关于大学校长的角色困境问题上，经费制约、体制制约、具体的大学组织不规范等因素会在一定程度上导致角色困境，如果一切东西都规范了，角色困境就比较好解决。作为大学校长，角色困境是随时会有的，这是常态。

第五，大学不像大学。大学师生的认知观念要吻合大学的发展，这是最大的挑战。作为大学校长要改变人的观念是最大的挑战，不知道如何办大学是最大的挑战，把一所学校办成真正的大学是最大的挑战。作为大学校长，在办学治校中，要避免让这样的认知观念成为办学治校中的一种"负资产"，这是最大的挑战。

三、理论力

许承明校长的"理论力"可以从"未来型大学教育的办学模式"中提炼。他说道：

从我来到南京晓庄学院任校长以来，我感觉晓庄学院的绝大部分人都认为晓庄学院是一所大学，但是我自己觉得南京晓庄学院始终不像一所大学。因为绝大部分人的思维模式与观念还停留在过去，而没有与时俱进地思考特定时代环境里的大学应该是什么样子的。大部分人的办学思维还是传统的过去式的办学观念。对大学的认知问题是像晓庄学院这类新升格为本科院校的学校最大的挑战。因为要从"过去式的大学教育办学模式"转移到"未来型大学教育办学模式"，至少要转变为"现在式的办学模式"。尤其是在一些本科院校升格之前，政府通过行政权力生拉硬扯地融入了一些原本没有半点大学味道的中专学校之类的学校，这对于一所大学的发展来讲是一种"负资产"，而不是"正资产"。因此，在这样的情况下，用办中专的思路与办大专的思路把这样的大学办成具有未来型大学教育模式的大学，是很难的。如果不是在大学的思维框架下办大学，是对地方新建本科院校发展中最大的一个伤害。这在 2000 年前后新建的本科院校的发展中是一个普遍的问题。

围绕这个理论模式，许承明校长提出了一个很鲜明的观点："一所大学的发展不是由历史决定的，而是由未来决定的。"这个观点对于指引大学走向一流是很有前瞻力的。

四、思想力

许承明校长的"思想力"体现在他对大学人才培养过程中的思考中。他说道：

> 在办学治校中，一所大学最应该遵守的规则有两条：第一，为社会培养所需要的人才。通过人才给社会提供有效的社会服务，给社会提供所需要的公共产品，这些公共产品最根本是"人才"，其次是人才创造出来的科研成果，这些成果包括人文的产品与科学技术的产品；第二，让老师们得到更好的发展，进而使学生得到更好的发展。只有老师发展得好，才有资格实现第一条规则，如果老师在大学发展得不好，老师或者说大学是没有资格实现第一条规则的，即没有资格让学生发展。换言之，如果老师在大学没有得到发展，那老师就是在误人子弟，没有好的老师，大学就很难培养好的学生，就难以为社会创造所需要的公共产品。换言之，在人才培养过程中，老师这个主导作用是否发挥得好，取决于老师在大学是否发展得好。学生这个主体作用是否发挥得好，取决于老师主导作用的发挥。

可见，许承明校长的人才培养的理论基础主要是"超越论"。大学人才培养的这个根本任务超越于社会，通过大学培养的人才会引领社会的发展。

五、实践力

大学校长的"实践力"在一定程度上通过校长的社会资本与社会关

系体现出来。他说道：

在关于大学校长的社会资本对办学治校的影响问题上，得区分公立高校与私立高校，作为公立高校的校长，政府在校长配置过程中，只要政府的投入有保障，只要各方面的制度化、法治化配套设施跟得上，一定程度上不需要大学校长有过多的社会资本与网络关系。换言之，不需要大学校长拥有过多的资金筹集能力，这本身是中国大学运转中已经证明的一个实际现象，大学校长在办学治校过程中只要尽量让师生满意即可，让师生认同就好。在中国，成功的大学校长，从其实践力上看，这是一个方面。假如是民办高校，校长的社会资本能力也许要明显得多。大学校长的实践力与大学自身的性质有一定的关系，当在大学开展实践的外围环境不允许的时候，大学校长本人的实践力就显得很重要。大学校长实践能力发挥的关键就是大学校长对大学与时俱进的理解，对时代的理解。把握住社会需求与大学之间的内在规律，有效地把二者融合起来，有效地促使大学支撑起社会的发展，这才是大学校长最大的实践力所在。

六、学习力

许承明校长的"学习力"主要体现在他的学习方式中。在访谈中他说道：

自己的学习能力主要是通过读书获得，知识与真理都在书中，没有一个人有资格可以成为另一个人的榜样。人类文明发展至今，一代一代伟大的智者之所以伟大，都是因为他们把其智慧集中地呈现在他们的著作当中。当通过读书获得知识信息，且有了自己的思考之后，就能把自己从繁忙的事务性工作当中解放出来，使自己处于轻松的状态中。把握方向，不做事务性的工作，把事务性的工作交给分管的副校长们去做。如果作为一校之长，把事务性的工作都包揽了，舍不得或者不会放权，不会用人，那分管的副校长就无事可干了。校长要更多考虑未来型的工作，要解决好当前一些大学运行的影响全局性的重大问题。

他教育方面的代表作有：《聚焦立德树人　聚力服务南京——建设教师教育特色鲜明的高水平应用型大学》（《新华日报》，2018 - 05 - 03）。

七、育人力

许承明校长的"育人力"可以从他的"理论力"中得到检验，他说过一句话："一所大学的发展不是由历史决定的，而是由未来决定的。"

从"育人力"的角度进一步解剖或追问这句话的内在含义——过去的已经过去，不管多么辉煌，过去取得了多么骄人的业绩，那仅仅只是代表过去的某个历史时期所取得的成绩，过去的成绩不能代表未来，所以人才培养的事情不能把眼光盯在已经过去的事情上，那样只会原地踏步，只会止步不前、浅尝辄止。因此，真正的人才培养的能力是靠未来决定的，是靠给未来时代与社会培养适应未来社会发展需要的人才。简言之，一所大学的发展是靠这所大学培养的未来型人才决定的。

他说道："晓庄学院从成立开始，一直以来都是以一种未来型的思维培养人的，且这种育人的力量源于'爱'。90 年前伟大的人民教育家陶行知先生在创办晓庄乡村实验师范学校时就曾说过：'晓庄是从爱中产生的，没有爱就没有晓庄。'90 年来'爱满天下'始终是我们晓庄人的道德情怀和价值追求。育人力中最根本的力量是使学生懂得爱，学会爱。我认为做人的道理都包含在爱之中，但爱不是天生就会的，不是喊口号。爱是一个学习的过程，是一种思考的框架，是需要反复实践的过程，是一种恒久忍耐的过程，爱要由己推人，由近及远。"

许校长还说道："南京晓庄学院在育人力上遵循的原则是'把成才

的选择权交给学生',实行'分类招生与分流培养',即大一新生不按照传统的专业分班,而是通过 14 个专业类别,编班管理与组织教学。依据'志愿＋综合考核'原则,按专业类培养的学生在本专业类内选择专业。"

这是许校长任职以后着力改革的人才培养模式。

八、决策力

许校长的"决策力"体现如下:

在关于对"领导是做正确事情的人"的看法问题上,我认为,领导首先是"辨析事情的人",这样说可能比"领导是做正确事情的人"这句话更恰当。领导需要对影响学校发展的问题有一个辨析,在辨析的基础上引领大家形成一个共识,领导需要对所做的事情有一个准确的判断,进而在达成共识的基础上形成一个适合大学发展的话语体系,即正确的理念、符合大学发展实际的价值观。做好价值引领,决策需要在价值观基础上开展,理顺、厘清大学发展的目标,架构起让学校决策得以有效实施的制度体系,朝着目标建立大学发展的坐标系、规划线路图与时间表,这个是决策中最关键的。同时,在决策过程中,要很好地处理好上级政府政策意图与学校自身实际之间的关系。一般情况下,政府的意图与大学没有冲突,但可能有不合理的地方,甚至上级的某些要求还会干扰到大学本身的核心工作以及影响到一些特定大学的教育秩序。如,这种工程、那种工程,把大学的等级区分得很鲜明,也给大学造成了一种马太效应的局面,等级高的大学会越来越好,等级低的大学会越来越差。大学被绑在一架战车上,无止境地去争取这种项目与那种项目,一定程度上有悖于规律。还有,大学的决策也受到经费的影响,在经费拨款上,政府不应该把大学分成三六九等。因此,不管是政府对大学的管理决策,还是大学内部的治理决策,都应该有未来意识，都要指向未来，这样的决策才是有效的。

九、执行力

许承明校长的"执行力"可以从以下方面彰显。

第一，大学校长的执行力不是测评出来的。他说道：

> 判断与考核一个大学校长的执行力，在现行手段下是盲目的，是没有针对性的，因为大学校长都是政府任命来一所大学任校长的，政府自身在很大程度上是按照政府运转的模式来判断与把握一个大学校长的执行力的。而且在这个考核执行力的过程中，教师和中层干部对大学校长进行的民主测评也没有具体的依据，主要是凭感觉来认识校长，政府也不知道如何考核这个委托人，只是按照政府的大概规则来考核，只要大学不出事，稳定就好。

第二，自任校长以来着手抓的主要工作。他认真编制"十三五"学校事业发展规划、坚持办学定位；彰显应用型和教师教育特色；深化内部治理改革，推进两级管理；全力建设高水平人才队伍；营造学术氛围，搭建学术平台，加强科研考核，提升科研水平；坚持国际化发展战略；提升服务社会的水平；改善办学条件，提升校园管理水平。

十、影响力

许承明校长的"影响力"可以从他对南京晓庄学院办学治校方面的具体抓手之中呈现。他说道：

> 学校坚持以促进南京经济社会发展为己任，将积极对接融入战略，发挥自身教师教育优势，主动对接地方需求，围绕服务南京培育新的增长点。未来，学校将坚持"教师教育+"发展，放大小学教育、学前教育品牌效应，高水平组建"教育研究院""教师发展学院"和特色教育集团，提高优质教育资源的供给能力和水平。在

做强教师教育的同时，大力发展新兴工科和应用文科，在服务南京上落实"两落地一融合"战略部署，打造新的特色优势，助推科研成果转化，增强学校创新创业活力。❶

在这样的思路之下，2017 年南京晓庄学院校庆之际，"六朝历史与南京记忆"国际学术研讨会、晓庄甲骨情缘——国际甲骨文书法艺术展、东亚幼儿园园长高峰论坛等国际性的学术会议在学校举行，提升了学校的影响力。许承明校长说道："'本土牌'打出'国际范'，对南京晓庄学院的师生而言，弘扬'行知教育思想'，实现行知先生教学理念的国际传播，让爱满天下的精神不断发扬光大，这是学校推进教育国际化始终坚守不变的初心。""教育国际化不是一个简单输入或输出的过程，不能仅仅着眼于单纯地开展留学生教育或满足部分师生的出国学习需求。国际化教育的最终目的是培养更具国际竞争力和跨文化领导力的创新型人才，要通过开展多层次、宽领域的教育交流与合作，使更广大师生从中受益。"

这样的治校思路是许承明校长任职南京晓庄学院校长以来一直思考的。经过三到四年的切实实践，南京晓庄学院教师教育的特色得到了更加鲜明的体现，这也是许校长影响力的体现。

---

❶ 谈洁. 2018 年市委 1 号文件在高校引起强烈反响"创新名城建设"成高校热词 [N]. 南京日报，2018 – 01 – 11.

第十二章

筑牢育人之道的能力

——苏州工业园区职业技术学院校长单强

（访谈是在 2017 年全国高职高专校长联席会议期间，

因为是在酒店房间访谈，不方便合影留念）

访谈时间：2017 年 11 月 10 日 21：00—22：00

访谈地点：常州香格里拉大酒店

访谈方式：面谈

【单强校长简介】 男，教授，1966年4月生，江苏铜山人。1981年毕业于江苏省侯集中学，考入江苏师范学院历史系，1994年获苏州大学中国近现代史博士学位，2008年获北京大学教育经济与管理学博士学位。先后赴美国南卫理公会大学（SMU）、哈佛大学、新加坡南洋理工学院访问进修，2003年起担任苏州工业园区职业技术学院校长15年。

访谈单强校长，是通过笔者在南京大学攻读博士学位的导师王运来教授联系的，具体时间是2017年11月7日19点左右。当天下午笔者刚刚对南京晓庄学院的许承明校长进行了访谈，访谈结束后与王运来老师以及同门学生共进晚餐，在饭桌上说起访谈的事情。关于高职院校校长这个类别的访谈对象，导师王运来推荐访谈单强校长。王运来老师与单强校长是好朋友，单强校长在南京大学教育研究院兼职博士生导师，因此，王运来老师随即打电话给单强校长进行沟通说明课题访谈事宜，同时笔者记下了单强校长的电话，并加上微信，联系预约访谈事宜。以下是结合访谈内容进行的简要分析。

一、革新力

单强校长的"革新力"通过其办学理念——"建设创业型高职院校"折射而出，其理念如下：

第一，建设创业型高职院校的主体是学生和教师。

一所学校为什么要有校长，大学校长存在的意义是什么？道理很简单，因为有老师。老师为什么要存在？因为有学生。校长存在的最大意义就是为学生服务，为教师服务，真正做到以学生为中心。要建设创业型高职院校靠谁？靠学生、靠教师。

第二，建设创业型高职院校的关键在于产教融合。

建设创业型高职院校，需要校长整合内外资源服务于这一长远目标。从内部来看，除了教师研发资源、学生的人才资源之外，还有空间、场地资源，公共服务资源甚至学校的品牌资源。从外部资源来说，有技术、资金、项目、市场等诸多要素。动员起学校内部的资源，融合好外部的产业资源，在资源的双向流动与整合过程中形成高职的创业文化、创业团队和创业项目。这也是未来产教融合、校企合作向更深层次探索的问题。

第三，建设创业型高职院校的目的是培养创新人才。

未来的职业教育前沿一定是在企业。国务院学位办原副主任王亚杰说："培养人才千万不要再走简单的学术型了，德国人可以把一颗螺丝钉的设计制造做成一个博士学位，中国本科毕业设计都觉得它太小。"高职的创业更应立足于技术创新和技能积累，我们需要培养更多的技术型人才，为打造创业型高职院校奠定雄厚的人才基础。中国作为制造业大国，这个意识不能动摇。

二、阐释力

单强校长的"阐释力"表现在他对"教学工厂"人才培养模式的认识和职业教育痛点的分析。

第一，高职人才培养模式中存在的问题。

高职有各种不同的人才培养模式，我们借鉴了新加坡南洋理工学院教学工厂的模式，本质上就是深度的校企合作。目前，高职在人才培养中与企业合作上存在三种关系，第一种是朋友，有感情，但是没有什么实际动作；第二种是恋人，看到对方都很漂亮，都很好，满足于卿卿我我；第三种是夫妻，是要过日子的，是要生孩子、养孩子的，因此就难免磕磕绊绊，需要慢慢磨合。比如我们和博世公司的合作就是这样，我们是中国的一个学校，合作方是德国的一个企业，之间有很大的文化冲突与差异，在这个过程中，我们双方都进行了妥协和退让。因为企业毕竟不是学校，其首先要盈利，要做产品，要为市场服务，对客户负责。而学校是公益性的，是一个育人机构，反映速度慢，精细化程度不够，加上中德文化的差异，两者之间难免会有冲突。在这个过程中，双方都需要从长期合作、真诚合作的角度出发，从对方的立场出发考虑问题，校企之间会找到越来越多的共同语言，合作才能愉快持久。

第二，社会大众仍对职业教育抱有偏见。

很大一部分比例的家长与青少年，对职业教育的去向是担忧的，认为职业教育未来的工作岗位是低下的，是有生源的尴尬现象存在的。比如，我们在招生过程中，常常碰到高中学校只是把一些成绩最差的学生推荐上高职院校的情况。很多院校在个别地区甚至遭遇零投档的局面，如2014年的一期《中国青年报》的文章说，130多所高职院校在陕西招生，面临零投档的问题。当然，解决社会大众对高职的偏见，根本上需要彻底改善高职毕业生的待遇和社会地位。

第三，提升人力资本是职业教育的根本价值。

在德国，报考普通本科高校与职业学院的考生素质与水平的差别不是太大，但是在中国是不一样的，高校录取的时候，第一批次是被国内一流大学录取，第二批次是被仅次于国内一流的大学录取，到第三批次的就是二本与三本的考生，职业技术学校的考生是第四批录取的。在这样的情况下，企业很担心，即使一所职业学院再牛，能够培养出未来企业发展的高端人才吗？我们知道，北京大学与清华大学的学生都是全国高考生中的前1%或者是前1‰，但是当这些学生进入职场的时候，能不能成为职场上的前1%或者是前1‰？我们高职学校的学生在中学成绩排名往往是后30%。虽然文化课成绩不是最拔尖的，但是他们毕业后，能够进入职场的前

30%，我认为人力资本的提升是一所高职学校自信心的源头。为青年人赋能从而实现最大化的增值，是我们高职院校不可取代的优势。

第四，人人成才、人人出彩是职业教育的特色。

某职业学校有一个非常得意的学生，在全国的科技竞赛中，拿到了最好的名次，按照比赛之前大家的约定，如果是前三名，都可以获得清华大学免试研究生入学资格。可是后来一看，学生的第一学历出身，是职业学校毕业的，就不录取了。这样的极端不公平的教育问题依然存在，经济社会发展到今天，什么叫作进步？进步就是要公平，人人都应该享有教育或者高等教育的权利，每一个人都可以享受高等教育的时候，就是大众化教育与普及化教了。因此，我们这些职业学校承担了大众化教育最繁重的任务，职业院校所做的是得天下之人而育之，并都要育为人才。这个比育英才一点也不逊色，甚至比育英才更困难，让每一个人都能够为社会做贡献。人人成才、人人出彩是职业教育最大的特色。

三、理论力

单强校长结合自己的办学治校实践经历，提出了三个鲜明的理论："矛盾论""校长成长的生态论"和"校企共生理论"。

第一，大学治校中的矛盾论。

大学运行中存在三个基本矛盾，第一个是高等教育的本质属性中有天然追求自由的一面和科层官僚制组织管理体制之间的矛盾；第二个是管理者既希望师生们有自由发展的空间与又要给予严格的纪律约束的矛盾；第三个是既希望政府和社会资本给予更多的经费与资源的支持与又不希望给钱的人过多干预学校管理之间的矛盾。这就给大学校长带来角色冲突。怎么办？必须要调适这些矛盾，不能强化撕裂感。

第二，大学校长成长的生态论。

大学校长是在恰当的生态环境里成长发展起来的。高职校长应当是一个懂得学术生态、管理生态、政治生态与产业生态的人。营造恰当的生态环境才能治理好学校，才能成长为理想的大学校长。

第三，校企共生理论。

"企业的需要，我们的目标"，是苏州工业园区职业技术学院始终如一的办学理念和价值取向。为确保这一理念的顺利实施，我们建立了一系列的体制保障、人员保障、过程保障，建立了新的校企合作办学模式——用培训换设备模式、订单培养模式、共建实验室模式、不求所有但求所用模式、教学工厂模式、校企共建办学实体模式；另外，建立全程客户服务流程，探索校企双主体的人才培养新模式。该模式体现在以下七个方面：专业设置匹配产业结构、核心课程体现岗位技能、课程标准参考工业标准、训练环境等同生产环境、学生素质体现员工修养、柔性管理适应企业需求、校园文化融合企业文化。学院的办学模式也得到同行的认可，许多外企老总把学院称为培养优秀"灰领"人才的"西点军校"，新加坡南洋理工学院总裁林靖东先生更是赞誉学院为"园区之珠，职教之光"。❶

四、思想力

单强校长的"思想力"可从以下方面体现出来。他说道：

我们以企业需求为导向的办学理念，职业院校的评价者没有其他什么人，最核心的就是你的客户——企业。为了让企业需求作为整个学校的办学理念，我们在 2003 年 12 月，把整个学校的教学管

---

❶ 单强. 校企共成长 [J]. 中国职业技术教育，2006 (12)：53–57.

理、学生管理、后勤服务等全部纳入 ISO9000 的质量体系，这样，我们和企业之间具备同样的话语。现在学校和企业之间合作为什么难？难就难在没有共同语言，说两种不同的话语，之间没有对话基础，而 ISO9000 是很好的对话平台。还有一个很重要的问题，我们职业学校到底要培养什么样的学生？学校不能自说自话，一定要让用人单位说了算。我们学校对学生有三种不同的要求：第一是基础能力，第二是专业能力，第三是职业能力。现在很多外资企业反映，我们学生出去以后，核心技术没有问题，有问题的往往是他的软技术，就是综合能力，这三个层次在职业学校学生身上的权重是不同的，每个办学者应该清楚地知道这一点。

五、实践力

单强校长的"实践力"体现在下面几点。

第一，行业企业工作经历。

在德国，一个优秀的职业教育老师需要有 5—8 年的企业工作经历。我们学校的老师 70% 以上是从外资企业的工程师岗位聘请过来的，我们的老师平均有 5.5 年的企业工作经验。我本人在大学曾经从事教学和科研管理 15 年，这也可以算是行业经验吧。

第二，社会资本积累的实践力。

社会资本的积累与一个大学校长治理能力之间有着重要的联系，社会资本的积累能力是一个大学校长治理能力的重要体现。社会资本的多少也就说明了一个校长的实践力与行动力。如果要我来判断一个大学校长是不是一个好校长，我的基本判断标准是看他把精力花在什么地方，是把精力花在学校之外还是学校之内。如果一个校长大部分时候把精力花在学校内部，那是一个管理型的校长，因为校内的事务很多分管副校长以及其他人就可以做好。如果一个校长把大部分精力花在校外，去争取支撑学校发展的更多渠道与资源，这样的大学校长是经营型的校长，是有领导力的校长。

六、学习力

第一，单强校长是"双料博士"。

我1994年获得苏州大学历史学博士学位，2004年去北京大学攻读教育经济与管理学的博士学位。我的博士论文分别研究江南区域经济和创业型大学，这也是高职院校最关键的问题——外部产业环境和内部治理问题。特别是北大教育学院的四年，让我对高等教育的发展规律有了更深的理解，这对自己的工作非常有帮助。

第二，采取"听书"的方式进行学习。

利用手机进行听书，近两三年来听了约60本书。在诸多的学习途径中，自己最欣赏的学习方式是阅读，但是由于各方面的原因导致很难进行整块的阅读，只能在车上用喜马拉雅听书。我自己在平台上也讲了傅佩荣教授的两本书《哲学与人生》《心灵的探索》。

第三，办学治校中的代表作品。

围绕院校管理发表论文《校企合作模式创新研究》（高等教育与创新能力建设，东南大学出版社2006年9月）、《打造中国特色的高职教育体系》（中国教育报，2007-07-05头版）、《企业型大学与高职院校的"四化"策略》（光明日报，2007-12-24）、《"教学工厂"的人才培养模式》（高校教育管理，2009年2期）、《创新办学机制，校企深度融合》（光明日报，2009-11-25理论版）、《钻石模型与企业型大学的构建》（唯实（现代管理），2010年2期）、《企业家型校长及其行为特征》（高等职业教育，2010年2期）、《基于CDIO的高职人才培养模式改革》（计算机教育，2010年11期）、《江苏高职院校国际化的现状与路径研究》（高等工程教育研究，2010年第2期）、《企业家精神与高职院校领导人的角色转型》（中国高教研究，2011 年 2 期）、《高职院校的治理：股东会、董事会与校长》（高校教育管理，2012 年 4 期）、《RE-SEARCH AND PRATICE OF PROJECT – BASED TEACHING RE-FORM》（查建中主编：《面向未来工程职场的 CDIO 教育模式研究与实践》，北京交通大学出版社 2012 年 5 月）、《江苏民办高职教育可持续发展的探索》（《论教育综合改革》，江苏凤凰教育出版社 2014 年 11 月第1 版）、《高职院校混合所有制改革的路径与政策建议》（《民办教育改革之探索》，群言出版社 2015 年 9 月）、《借鉴与创新：IVT 的实践探索——中国与东盟国家职业教育合作的成功案例》（中国东盟 2016 职业教育发展论坛论文集）、《高职院校要力争成为区域产业链整合核心要素》（中国建设报，2016 – 07 – 27 第 6 版）、《产教深度融合大有可为》（人民政协报，2017 – 10 – 25 第 9 版）、《高职院校混合所有制改革的路径与政策建议》（唯实，2017 年第 7 期）。

七、育人力

2014 年 9 月 28 日 21：55，单强院长参与录制的《对话》节目在中央电视台二套如期播出。对话中，单强院长和天津技术师范大学党委书记孟庆国教授畅谈高等教育发展大势，分享应用技术人才培养之道，深入分析阻碍职业教育发展的体制机制和思想观念问题。

单强校长说道：

什么大学能打造出产业发展需要的社会人才？苏州工业园区职业技术学院被称为"培养灰领的西点军校"，即我们学校培养的是未来要做产业的技术领军人才。我们的学生 80% 是在外企的关键技术岗位，其中 50% 以上是在世界 500 强公司工作的。具有超高就业率的学生能力是怎么炼就的？在人才培养上，主要是一种"厂中校"的人才培养模式，如果校内的工厂（校中厂）解决不了和企业无缝对接的问题，那就要用"厂中校"的方式来解决。即在企业中，有可以用于教学的地方，如我们学校与博世公司有一个合作，博世公司有一个非常重要的部门叫作 TGA——学徒培训中心，专门培养学徒的。我们学校与博世公司合作，把 TGA 当成一个校外的教学中心，这样的教学模式与传统意义上的学徒制有很大的区别，传统的学徒制是一个师傅带一个或几个徒弟，进行言传身教，没有系统化的教育设计。TGA 的模式是一群师傅带一群徒弟，既有传统师傅带徒弟那样的言传身教的精髓，同时又把现代的教育理念、现代的规模化与现代化的教育技术渗透到这个环节中，校企双方联合培养学生。学生是否满足产业的需求，我们学校与博世公司说了都不算，而是由德国工商总会（AHK）来负责组织考核，考核通过之后，符合这个行业标准了，就颁发一个 AHK 证书。最后再通过两条线路来判断学生是否可以出师，即理论考试和实践操作，两个标准达到以后才能毕业。如果学生三年之后的大考考不过，就拿不到 AHK 证书，拿到 AHK 证书是很难的。如，要拿到机电一体化的 AHK 证书，实际是要具备自动化工程师的能力，拿到这个证书的学生到生产线去做自动化设备维护，按照小时收费，收入不低于一个律师。按照这个人才培养的目标来培养人才，之前的教学体系要发生彻底的变革。包括师资的素质、课程的设计、教学的方法、教学的装备、考核评价机制都要发生很大的变化。从本质上讲，就是按照生产实际需要的高端技术技能来培养人才。这就是德国职业教育的"双元制"（企业和学校双方签订人才培养的合同，学习者一方面以学徒身份到企业接受实践技能培训，另一方面又以学生身份到学校接受基础文化理论教育）培养人才的方式。

八、决策力

单强校长的"决策力"从他对学校不同阶段最关心的问题上呈现出来。他说道：

我是 2002 年来到这个学校工作的，到现在已经 15 年了，不同的时间段对学校发展中所关心的问题是不一样的。前 5 年最关心的是建设国家示范性高职院校的问题，一系列的决策都是围绕创建国家示范高职院校进行的，我们也成功地跻身于百所国家示范校，而且是唯一的一所混合所有制高职院校；到了 2010 年以后，我最关心的是新校园的建设问题，从征地到校园设计，一系列的决策都是围绕其开展。最近 5 年，我们最关心的国家优质高职院校的建设，如何实现转型提升。从内部而言，我一直思考的问题是这个学校究竟要发展成一个什么样的学校？比如这所学校自身的需求是什么？怎么培养出产业所需要的人才？如何为学生赋能，提供可持续发展的能力？我认为我们应该向创业型大学迈进。于是就用创业型大学的理论来指导我们的变革，全面地梳理这所学校的治理、内部架构、发展战略等。因此，我现在主要围绕"这所学校究竟需要怎样才能转型为一所真正的创业型大学"这个问题来思考。

九、执行力

第一，执行力得益于重要人物的激发。

我从苏州大学一个普通青年教师走上教育管理的工作岗位，是受朱永新先生的激发。当年在苏州大学的时候，已经担任苏州市副市长的朱永新教授对我说，"你在苏州大学已经奠定了很好的发展基础，不妨考虑走出去尝试一下，苏州工业园区有一所新型的职业学院准备招聘院长，你如果有兴趣我可以推荐你去。"听他这么一讲，我才决定离开苏大。从我后来的职业发展来看，朱永新先生对我的影响很大。

第二，建成国家示范性高职院校彰显的执行力。

一位高绩效的校长，5% 在决策，95% 在执行。校长执行力的高低决定学校执行力的高低，决定学校竞争力的强弱，直接影响到学校的发展，影响到学校教育是否能实现教育目的、决定是否能成为行业翘楚。从苏州工业园区职业技术学院几个重要转折点的办学成效来看，单强校长的执行力是强大的。

十、影响力

单强校长的"影响力"体现如下。

第一，获奖方面折射的影响力。

他曾荣获教育部"霍英东基金会"全国高等院校青年教师教学奖（1996年）、江苏省新长征突击手（1997年）、苏州市首批跨世纪人才培养对象（2003年）、江苏省"青蓝工程"青年骨干教师培养人选（2005年）、江苏省职业教育先进个人（2007年）、全国优秀教育工作者（2009年）等称号。

第二，社会兼职折射的影响力。

兼任联合国教科文组织产学合作教席常务理事、教育部高职高专教学指导委员会委员、中国职业技术教育学会民办教育分会执行会长、北京大学苏州校友会常务副会长、民盟苏州市委副主委、苏州市政协常委等职务。

第三，学生最喜爱的大学校长。

大学生喜欢什么样的校长？2017年1月，由中国高等教育学会、中华全国学生联合会、中国青年报社联合主办的"2016年学生喜爱的大学校长"颁奖大会在广东顺德举行，36名大学校长从自己的学生手里接过这一份沉甸甸的荣誉。苏州也有一名校长位列其中，他就是苏州工业园区职业技术学院院长、民盟苏州市委副主委单强。在当天的颁奖典礼上，主办方给单强的颁奖词写道：14年来，他引领职教体制改革，推进产教研创结合，遵循"国际职教理念、本土创新实践、区域成果分享"的办学思路，他致力于打造东方灰领的"西点军校"。单强接受采访时说："自己 15 岁上大学，上了 15 年大学，做了 15 年校长。这是我最在意的奖项，它将不断激励我，努力为学生创造幸福完整的教育生活！"❶

与单校长交流最大的感受就是其充满活力，苏州工业园区职业技术学院的校风就是"IVT 的创造力来自我们的活力"，这也许是单强校长和学校之间相互塑造、相互影响的体现。

---

❶ 衡相锦. 民盟苏州市委副主委单强入选 2016 年学生喜爱的大学校长 [EB/OL]. ht-tp：//www. jsmm. org. cn/Article. asp？Id＝13126.

第十三章

建设大学生态的能力

——广西师范大学校长贺祖斌

（笔者与贺祖斌校长访谈结束时的合影）

访谈时间： 2018 年 7 月 14 日 22：00—24：00

访谈地点： 广西师范大学出版社独秀书房（桂林）

访谈方式： 面谈

【贺祖斌校长简介】男，1965 年 9 月生，二级教授，博士生导师。汉族，籍贯广西灌阳，先后获理学学士、教育学硕士、教育学博士。现任广西师范大学校长、党委副书记，广西壮族自治区社科联副主席，第十二届广西政协委员。享受国务院政府特殊津贴专家，广西优秀专家，广西文化名家（理论），广西新世纪"十百千"人才工程第二层次人选，广西高等教育研究有突出贡献学者，厦门大学高等教育发展研究中心教授。历任广西师范大学教务处处长、广西师范大学副校长、广西师范学院副院长、广西广播电视大学校长、厦门大学校长助理、玉林师范学院院长等职务。

访谈广西师范大学贺祖斌校长的引荐人是我在南京大学攻读博士学位期间的同门师妹李红惠教授，她是广西师范大学教育学部的教授。利用参加大数据时代的院校研究与个性化教育国际会议暨中国高等教育学会院校研究分会 2018 年年会之际，请李红惠教授帮忙引荐贺祖斌校长进行访谈。

该会议于 2018 年 7 月 15—17 日在桂林召开，是广西师范大学主办的大型高规格会议。我请李红惠教授帮忙引荐预约贺祖斌校长，看能不能于会议举行前的一天晚上进行访谈。意想不到，贺校长欣然答应接受访谈。当天晚上，贺校长安排我与前来参会的专家（华中科技大学刘献君教授、厦门大学别敦荣教授、华中科技大学陈敏教授、曾伟教授等）一同参加在广西师范大学出版社"独秀书房"举办的小型学术沙龙。到22：00，贺祖斌校长留出时间接受我的访谈。以下是结合访谈内容进行的简要分析。

一、革新力

贺祖斌校长的"革新力"可以从他对自己在 7 所高校作为高校主要领导和领导班子成员的经历总结中提炼为两句话："办学以教师为中心，

育人以学生为中心。"这两句话也就是贺祖斌校长的办学理念或治校理念。正如他在访谈中说：

> 一个成功的大学校长被视为大学的灵魂，是大学的象征，校长对一所大学的创建、运行、发展具有举足轻重的作用。大学校长是否就是一所大学的灵魂？还得看这个校长有没有自己的独立灵魂，这种独立灵魂在我看来，就是自己的办学思想和理念。具体而言，简单概括就是"办学以教师为中心，育人以学生为中心"。一所大学的发展都是围绕教师和学生开展的，撇开教师和学生谈大学的发展是空的。实际上，纵观全世界所有著名大学校长的办学理念，都有一个根本的共同之处，就是"以人为本"的思想，这样的思想已经成为大学校长最根本的办学思想，不会因为政府更迭和校长变化而改变。这种"以人为本"的办学思想和教学理念的产生是大学发展的根本，它以人为中心，突出人的发展，把教育与人的自由、尊严、幸福紧密联系起来。它立足于发挥人的积极性和创造性，重视人的价值的发挥，注重人的素质的提升，真正做到人尽其才。

贺祖斌校长在广西广播电视大学、玉林师范学院、广西师范大学任校长期间，都是以这样的办学理念引领自己的。他在校长的岗位上尽力做到"办学以教师为中心，育人以学生为中心。"

二、阐释力

贺祖斌校长对影响高等教育以及大学的发展中存在的问题认知与研判是相当具体深刻的，这种对问题的认知而折射出来的大学校长"阐释力"是非常鲜明的。在访谈中他主要说了一个大层面的问题：

> 在我国高等教育的发展道路上，一定要有中国特色，习近平总书记曾说过：加强党对高校的领导，是办好中国特色社会主义大学的根本保证。我想这就是中国大学的办学指导思想。我国高等教育

改革的成功实践为全面深化综合改革提供了重要经验，必须长期坚持。在高等教育改革和发展中，最重要的是四个方面的遵循：一是坚持党的领导，贯彻党的基本路线，使高校成为坚持党的领导的坚强阵地，坚持走中国特色社会主义道路，始终确保改革的正确方向；二是坚持解放思想、实事求是、与时俱进、求真务实，一切从实际出发，总结我国高等教育改革成功做法，要认真吸收世界先进办学治学经验，更要遵循教育规律，扎根中国大地办大学；三是坚持以人为本，尊重人民主体地位，发挥群众首创精神，紧紧依靠人民推动改革，促进人的教育全面发展，办人民满意的高等教育；四是坚持正确处理改革发展稳定关系，加强顶层设计和摸着石头过河相结合，整体推进和重点突破相促进，提高教育改革决策科学性，广泛凝聚共识，形成高等教育综合改革合力。我想以上的几个坚持就是未来中国大学发展的总体方略，是作为大学校长在办学过程中必须要坚守的。

三、理论力

贺祖斌校长在办学中提出了一套鲜明的理论体系："高等教育生态承载力"理论。他是国内高等教育界第一个提出这个理论并对其进行论证的人。在访谈中他说道：

在我的专著《高等教育生态论》的撰写过程中，在用现代生态哲学思想中的整体生态观对我国大学教育进行生态学分析时，我深感生态思想的博大精深及其所具有的前瞻性和科学性。其实，在博大精深的中国传统文化中，早就蕴含丰富的生态思想和智慧，这些生态元素不仅对以人为本的个人教育有重要价值，而且对可持续发展为理念的大学教育也有重要意义。因此，我主要从"天人合一""道法自然""中庸之道"等文化思想中吸取其生态思想和智慧，建构了自己的"高等教育生态理论"。在这些生态思想与智慧的基础之上，基于"适度协调发展的中庸之道"，提出了"高等教育生态承载力"的理论。具体而言，主要可从以下三方面进行理解：高等教育发展的适度理论——在高等教育发展上主张"适度"，旨在取消主观偏见，把握教育的运行规律，造就大学教育发展的良好状态；高等教育发展的适应理论——对于整个教育系统来讲，只有适应其生态环境才能使教育发展顺利进行，才能使教育系统与环境之间保持生态平衡；高等教育发展的适中理论——在人们对现实、对未来尚未清楚了解之前，保持适中，就会处于有利的、主动的地位，因此，"适中"是模糊选择中比较有效的方法。"适中"在现代控制论里就是适度调整，对大学教育发展而言，这是一种有效的控制方法。

贺祖斌校长不仅理论上有较高的愿景，实践上更是脚踏实地。他在两所高校提出并实施的控制招生规模、扩大教师招聘数量、加强学校基础设施建设、调整和优化专业结构等措施无不受"高等教育生态承载力"的思想影响。

四、思想力

贺祖斌校长的"思想力"完全可以从他"热爱师生和教育的品格"中彰显出来。访谈中，他说道：

> 热爱教育，才能热爱大学的主人——学生。没有学生就没有大学存在的理由，我深深地知道大学存在的基本理由是什么，不管今天我们怎么强调大学学科研究和社会服务的重要性，人才培养的对象——学生，永远是大学的主人。因此，热爱学生，是大学校长最基本的品质，试想一下，假如大学校长不热爱学生，他能够把这所学校办好吗？假如把大学办成一个盈利机构，学术被异化，教育行政化把校长与师生之间变成了"官民关系"，这还是大学吗？因此，大学校长要懂得大学教育的科学和规律，大学校长必须有这些最起

码的素养和能力的基石。大学成就校长，校长铸造大学。大学兴则国家兴，大学强则国家强。大学是人类永恒主题的守护者，大学校长应该是人类理想的坚定实践者和追随者！当今的中国大学校长，更应该传承我国近代著名大学校长的精神风骨。从世界著名大学及其校长的办学思想中汲取营养，按照现代大学的办学规律，建立现代大学制度，坚守自己的办学模式、教育理念和文化追求，让道德和荣誉与之并肩，超然于功利，追求完美理想。

从这一段话可以看出，贺祖斌校长的思想力的哲学理论基础在于"适应论"与"生长论"，在大学校长尊重把握规律基础上，坚守自己的办学模式、教育理念和文化追求，热爱学生，守护大学永恒的主人，保障这些主人健康、自由、快乐地成长，培养这些主人获得强大的适应人类发展的未来该具有的能力。因此，他主张并推行"校长有约"机制，通过这个平台，加强与学生信息的沟通，并将他的办学思想和理念落到实处，得到学生的理解和支持。学生的主人翁精神得到了充分的发挥，主体性进一步增强了。

五、实践力

贺祖斌校长不但是一个富有理念和思想的校长，他更是一个充满行动力的校长，从他在玉林师范学院任校长期间所推动的高等教育综合改革的实践上即可得知他的"实践力"。访谈中他说道：

2015年10月国家教育部等联合出台《关于引导部分地方普通本科高校向应用型转变的指导意见》，2016年国家"十三五"规划纲要也明确"推进高等教育分类管理和高等学校综合改革"。当时我在玉林师范学院任校长，推动学校适时地抓住"综合改革"和"转型发展"的难得机遇，确立地方应用型高水平大学建设目标，做好顶层设计，加大改革力度，取得了阶段性成果。2016年6月，"广西应用型高校建设与转型发展高峰论坛"在玉林举行，我们就地方高校综合改革、应用型大学建设和转型发展等问题开展了一些有实践性的工作。综合改革是一项系统工程，要有所为有所不为。2015 年被学校确定为"综合改革年"，经过多方位调研、专家论证、征求意见等环节，全校形成共识，最后由学校党委决定，形成综合改革实施方案，并上报教育部门备案。方案确立改革八大领域，提出36 条意见，90 项任务，涉及配套制度43 项。针对应用型高水平大学建设、管理体制机制改革、专业结构和人才培养模式改革、创新创业教育等八大领域的任务和措施，分年度、分项目计划，确保有序按时推进，玉林师范学院获批广西四所"综合改革"试点高校之一（其他三所是广西大学、广西师范大学、广西医科大学），也是仅有的应用型大学，同时，获批"整体转型"发展的试点高校。

我到广西师范大学后，深刻认识到广西师范大学作为省部共建高校、国家"中西部高校基础能力建设工程"项目高校、广西重点建设大学，作为办学历史最长、规模最大的高等师范院校之一，学校理应起到广西高等教育集聚区的核心作用。近年来，学校全力推进改革创新，综合实力持续提升，在一流学科建设、一级学科博士点建设、国家重点实验室建设、国家级教学成果、高层次的国家级人才引进与培育、科学研究与创新等方面取得一系列标志性成果。也是广西获得国家社科基金项目数量最多、获得人文社科优秀成果奖项级别最高的高校。我到广西师范大学任职后，当时正准备召开学校第十一次党代会，经过全校上下认真分析和讨论，学校第十一次党代会提出"建设国内一流、国际知名、教师教育特色鲜明的国内高水平大学"中长期目标，并提出实施"四大战略""六大突破"的发展思路。其所谓"四大战略"是实施人才强校、创新驱动、优势特色、综合改革发展战略；所谓"六大突破"指的是实现人才培养质量、学科建设、科研创新发展、国际教育交流、管理机制、办学条件突破。这也是学校未来五年的任务和奋斗目标。同时，为实现"四大战略""六大突破"的目标，我还提出，建设国内高水平大学的"五个聚焦"：建设一流学科、办好一流本科、打造一流师资、营造一流文化、提供一流服务。这些办学思想和理念正在学校推行和实施，相信在未来几年会落地生根。

六、学习力

贺祖斌校长在谈到关于大学校长学习力的问题时，他主要向我推荐了几年前写的一篇文章《当代大学需要怎样的大学校长》，他说他的学习力可以从这篇文章中看出，也可以从整体上得知他对大学校长"学习力"问题的认识。在这篇文章他说道：

中国现代大学校长到底应该具备哪些素质？我认为有如下几个方面。第一，坚定信仰与人格魅力。大学教育本身就是一个理想主义的事业，没有理想主义精神，无法在现实的种种矛盾、困惑中坚守自己的执着。第二，渊博精深的专业知识。我们今天的大学校长，接受过精英教育，一般都是本学科的领头人和学者，从事过教学与研究工作，获得一定的成果，有相当一部分从国外深造回国，虽然不一定学贯中西，但在专业知识方面毋庸置疑。但丰富的专业知识不代表能做好大学校长，校长的学科专业对大学的发展有一定的关联，但起决定要素的是校长本身的办学理念和他具备的开拓、务实、创新的精神。作为大学校长，本学科专业的学术研究不应该成为校长的工作重点，应该以学校的利益为最高的利益。第三，内涵丰富的人文精神。不管是文科或者理科出身的校长，都应该具备内涵丰富的人文精神。丰富的自然科学知识，涵养了科学精神；丰富的人文知识则涵养了人文精神。大学校长具有人文科学知识，有助于更深刻地认识人、理解人，有助于更全面、准确地认识社会，把握社会的发展趋势。因此，当今的大学校长由于基础教育过早地分文理学科，导致文理交融不足，知识的结构不尽合理，学科之间关联断裂，学术视野单一，这正是我们今天大学校长知识结构的"天生不足"，也正是我们需要弥补的一课。第四，勇于创新的开拓精神。当今世界科技发展日新月异，经济和社会发展突飞猛进，大学不再是象牙塔，它已经成为社会的中心，与社会和经济的发展紧密相连，没有创新开拓、勇于担当的精神，就无法带领大学面对这变化的世界。同时，新的形势也要求大学校长有较强的决策与管理能力，有较强的组织和协调能力，懂得经营大学。第五，平等民主的工作作风。蔡元培到北大任职的第一天，校役依惯例排队在校门口毕恭毕敬地向他行礼，不想蔡元培当即也脱帽向他们鞠躬还礼，以后，蔡元培每进出校门都向校役脱帽鞠躬还礼。在"大学行政化"泛滥的今天，在官本位意识渗透社会每个角落的今天，也许，这正是我们大学校长应当学习、必须学习的民主平等作风，要善于倾听学生、教师的建议和批评意见。一位校长的成功主要依靠的是非权力性影响，这与大学校长承担怎样的大学使命、自身的视野以及人格是密切相关的。❶

另外，贺祖斌校长的"学习力"可以从他丰富的教育论著体现。他多年从事高等教育管理、研究与教学并出版了具有代表性的高等教育"三论"——《高等教育生态论》《区域高等教育发展论》《高等教育质量论》以及《思考大学》《高等教育大众化与质量保障》《中国大学这五年》《现代教育统计测量与评价》等论著16部，在国内首次提出并论证"高等教育生态承载力"等理论。这也说明他不仅是一个高等教育实践者，还具有较深的理论功底。

七、育人力

贺祖斌校长的"育人力"从他的"办学理念"中已经鲜明地体现出

---

❶ 贺祖斌. 思考大学［M］. 北京：北京大学出版社，2015：146-147.

来。访谈中他主要从两个层面阐释了他的"育人力"：

第一，构建卓越师资队伍。大师即是卓越的师资，建设师德高尚、业务精湛、结构合理的高水平创新型师资队伍，是一所大学行稳致远之根本。卓越师资培育，不是一蹴而就的，而是一个大学历史沉淀与文化赓续之下招贤纳才之路。为此，一是完善高端人才的"引育"机制。设立专项资金，加强学科团队和平台建设，争取在院士、"千人计划""万人计划"等国家级人才的引进和培育方面取得新的突破；加大对高层次人才特别是国家级高层次人才的培育和引进力度，大力引进高水平的外国专家，贯彻"不为所有但求所用"的柔性引进政策，积极利用外智开展好合作研究。二是重视青年教师的培养。实施广西高校千名中青年骨干教师培育计划，积极选送优秀教师到国内外高水平大学或研究机构进修深造，拓宽学术视野；深入企业、科研院所、政府部门等参与研发、工作或学习，提升其专业实践能力和科研成果转化能力；加大对优秀青年教师扶持力度，完善青年教师培养机制。三是师资建设要具有国际化的视野。高校内部要建立健全教师海外培养机制，建立科学的考核体系和激励机制，将赴海外研修情况与职称评聘、科研及教学等考核结合起来，推进实施教师海外研修计划，逐步提高海外访学研究背景教师的比例。

第二，办好卓越本科教育。只有培养出一流人才的高校，才能成为一流大学。办好高水平大学，必须牢牢抓住全面提高人才培养能力这个核心点，并以此带动高校其他工作。一是抓好教学改革。要深化课程体系和教学内容改革，向课堂、科研和管理要质量。注重创新创业教育、通识教育与专业教育相融合，把创新创业教育融入人才培养全过程；加强课程建设，制定学生个性发展课程，打破学科专业壁垒，鼓励学生跨专业、跨学院、跨校际进行课程研修；创新教学方法，引导教师将学科研究成果转化为教学内容，将科研的新观点、新方法、新材料、新手段和新技术等融入课堂教学和实践教学，构建教学和科研协同育人创新机制；加强学校与政府、企事业单位、科研院所的合作，对接好理论与实践、培养与需求，实现资源共享、协同创新、协同育人。二是促进专业改革。要围绕国家战略需求和地方经济社会发展需求，采取增、建、关、停、并等策略，建立高校专业动态调整机制，构建立足定位、展现特色、适应需求的人才培养结构，适应新时期市场对人才的需求。三是重视特色发展。在专业建设中不求大求全，要对接创新发展与产业转型升级要求，突出重点，强化人才培养特色；构建新机制、提供新保障，对重点特色学科专业建设重点扶持，实现自身优势专业和社会发展诉求的良性结合，彰显人无我有、人有我优的核心竞争力。❶

八、决策力

贺祖斌校长的"决策力"，可以用他自己说的几个词语来概括："顶层性、整体性、特色性、实效性"。在访谈中他说过一句话："一所大学在发展中，顶层设计太重要了。"这句话已经彰显了贺祖斌校长的决策视野与决策眼光。从广西广播电视大学到玉林师范学院再到广西师范大学，任三所大学校长期间，不管任职时间长短，其都在一定程度上从顶层设计上做出了影响并带动学校发展的决策部署。他在访谈中说道：

广西师范大学第十一次党代会刚结束，基于国家及区域经济社会发展需要和办学发展的内在逻辑要求，明确提出建设国内高水平大学的战略目标，这既是全校师生的共同愿景，也是自治区党委和政府对学校的定位要求。未来五年，到建校 90 周年时，实现国内先进、国际知名、教师教育特色鲜明的区域高水平大学的建设目标。在此基础上，再经过 10 年奋斗，力争建校 100 周年时，若干特

---

❶ 贺祖斌. 聚焦"五个卓越"加快高校"双一流"建设 [N]. 广西日报, 2018 - 06 - 21.

色、优势学科跻身国内一流行列，在师范类大学排名中处于全国前列，学校的国际知名度和影响力显著提升。力争到 21 世纪中叶建校 120 周年左右，基本建成国内一流、国际知名、教师教育特色鲜明的国内高水平大学。"双一流"建设是当前中国高校的重大责任和难得机遇，对广西师范大学更是如此。作为地方大学，我们首先要明确一个概念，"双一流"中的"一流"，强调的是"争创一流"的发展理念，既是一种水平，又是一种精神追求。中西部高等教育发展是我国高等教育从大国向强国迈进的重要发力点，地处西部的广西师范大学，"双一流"建设总体思路是：以立德树人为根本，以提高质量为核心，以服务广西"三大定位"发展战略和"两个建成"目标为导向，深入实施人才强校、创新驱动、优势特色、综合改革发展"四大战略"，奋力实现人才培养质量、学科建设、科研创新发展、国际教育交流、管理机制、办学条件"六大突破"。构筑学科高地，促进产学研用深度融合，全力建设国内高水平大学。

九、执行力

贺祖斌校长的"执行力"体现如下。

广西确立了四所高等教育综合改革试点高校，贺祖斌校长担任过其中两所高校的校长，因此，通过综合改革推行他的办学理念，推动学校的改革与发展。在广西师范大学，贺校长以综合改革为抓手，推进高水平大学建设。具体而言，犹如他在访谈中说道：

　　国内高水平大学的建设不是轻而易举、一蹴而就的事情，不是"轻轻松松、敲锣打鼓"就能实现的事情。作为教育发展水平滞后的西部地区高校，学校高度重视用好综合改革这个抓手、这把"手术刀"，深入实施"一体两翼"综合改革方案，力推育人增质、治理增效、资源增力，积极为广西高等教育综合改革工作探索可借鉴、可推广的模式和经验。"一体两翼"，指的是以人才培养为主体，以制度保障完善与条件保障充分为两翼的学校综合改革总体架构，即将党建、治理体系、人才培养、学科建设、师资队伍建设、国际交流、后勤保障、评价体系八个重点方面的改革融合为有机整体，形成培养模式、治理结构和评价体系三个关键领域重点突破的改革模式。在此改革体系中，第一，培养模式改革是核心。作为地方重点大学，培养适应区域经济社会发展需要的优秀人才是首要职责。学校着力突出学生的主体地位，明确将"建设一流本科"列为核心发展任务，全面打破体制机制障碍，深化招生改革，推动学科专业集群发展，推进"科教融合"育人，深化创新创业教育改革，强化"互联网＋"教育，拓宽学生的国际视野，彰显教师教育特色。第二，治理结构改革是基础。作为一所拥有近90年历史的老牌高校，在传承中创新，在创新中发展，体制机制的改革和创新是带动其他各项改革有序推进的火车头。学校以建立"党委领导、校长负责、教授治学、民主管理、社会参与"为基本内容的现代大学制度为抓手，组建新学术委员会、改革教代会等机构，理顺行政、学术等之间的关系，完善学校内部治理结构，优化社会参与机制，全面推进学校治理体系和治理能力现代化。第三，评价体系改革是关键。作为资源不甚丰富的地方高校，学校选取科学评价这个牵一发而动全身的改革支点，建立起涵盖教学、科研、人事、资源等领域的系统评价体系，整合办学资源，优化分配制度，全面撬动激发有限资源的巨大潜力。如今，"学科专业集群""教职工分类管理""多把尺科研分类考核""科教融合协同育人""两阶三全四维质量保障体系""第三方评估""项目储备库"等已成为改革的关键词，学校发展呈现新气象。下一步，学校将根据教育部关于"放、管、服"有关文件精神，进一步完善内部管理体制机制改革。❶

❶ 南陌．不负新时代 敢于新作为——访广西师范大学校长贺祖斌教授［EB/OL］．中国社会科学网，http：//www.cssn.cn/zx/bwyc/201712/t20171218_3783490_2.shtml.

十、影响力

贺祖斌校长的"影响力"可以从下面的一段"官方话语"中挖掘。2017 年 7 月 11 日，玉林师范学院召开领导干部大会宣布自治区党委关于学校行政主要领导调整的决定中，自治区党委组织部领导代表组织部说过一段话：

贺祖斌同志从事高等教育工作 30 年，在我区四所高校担任过领导职务，还曾经到厦门大学任校长助理，是一位资深的教育工作者和高校领导干部。在玉林师范学院任职期间，贺祖斌同志政治立场坚定，认真贯彻落实党委领导下的校长负责制，自觉接受党委的领导，执行党委的决策不打折扣，注意维护学校党委的威信；贺祖斌同志大局意识和组织观念强，无论组织安排他到哪个岗位，他都坚决服从组织安排和工作的需要毫无怨言；贺祖斌同志熟悉高等教育规律，对教育事业有很深的感情、有强烈的事业心和服务国家人民的价值追求，他坚持依法办学，依章程治校，注重提高学校内部的治理水平，不断健全现代大学制度，端正校风学风，为学生成长营造了良好的环境；贺祖斌同志学习和适应能力强，注重调查研究，历任多个高校领导职务，在每个岗位上都能很快进入角色，积极推动工作，做出突出成绩，大力推动玉林师范学院实施高校综合改革试点工程，打造教师教育特色鲜明的高校，为我区其他高校的综合改革积累了宝贵的经验，显示了成熟的驾驭高校发展改革能力和领导管理的水平；贺祖斌同志专业基础扎实，业务能力突出，作为教育部专家组成员，参加了国内多所本科院校教学的评估，在业内具有较高的知名度和影响力，他工作勤奋务实，作风正派，重视听取各方意见，考虑问题周全，处事公道、对人谦和，为玉林师范学院改革发展做出了卓越贡献。

这段话非常吻合访谈中笔者在贺祖斌校长身上所看到与感受到的。

另外，贺校长的影响力体现在他的学术影响上。他出版了高等教育

"三论"以及《思考大学》等著作 16 部，发表论文 160 多篇，多篇被《新华文摘》等权威刊物转载。获得国家级教学成果奖二等奖 2 项、省级教学成果奖一等奖 5 项，广西社科优秀成果奖一等奖 2 项、二等奖 3 项，全国教育科学研究成果三等奖 1 项，广西教育科研成果一等奖 4 项。主持和参与完成国家社科基金项目、全国教育科学研究规划重点课题等 20 多项。他连续十多年主持的学术沙龙"中国高等教育年度十大事件评析"分别在《光明日报》、大学学报、中国高等教育学会等国内数十家专业网站刊发，同时出版系列《中国大学这五年》，在学术界产生了很好的影响。其著作《高等教育生态论》被著名高等教育学家潘懋元教授评价为："该研究丰富了中国高等教育发展理论，同时为高等教育问题的分析增添了一个新的研究视角，为有关部门和高校的决策提供了重要的参考。"华中师范大学的董泽芳教授的评价是："贺祖斌首次提出并论证'高等教育生态承载力'等新概念，填补了高等教育生态研究的空白。"● 潘懋元在评价贺祖斌校长的《思考大学》时说：既从大学校长的角色研究大学，又从旁观者的角度观察大学，鉴古而不泥古，前瞻而不脱离现实，将古与今、理论与现实较好地结合起来，是从多角度与前瞻性来思考大学何为的佳作之一。

● 贺祖斌. 思考大学 [M]. 北京：北京大学出版社，2015：207.

彰显大学责任的能力

——首都师范大学校长孟繁华

(笔者与孟繁华校长访谈结束时的合影)

访谈时间：2018 年 7 月 19 日 14：30—16：00

访谈地点：首都师范大学本部主楼 815 办公室（北京）

访谈方式：面谈

【**孟繁华校长简介**】男，1963 年 5 月出生，汉族，山东人，中共党员，教授，博士生导师。毕业于北京师范大学教育经济与管理专业，获博士学位。曾任首都师范大学校长助理、教育科学学院院长、教育学院院长，学前教育学院院长（兼）。2013 年 4 月，任首都师范大学党委常委、副校长。2017 年 12 月，任首都师范大学党委副书记、校长。

访谈孟繁华校长得益于北京师范大学原校长与中国教育学会会长钟秉林教授的推荐，在此之前，笔者已经访谈过钟秉林校长，于是请他引荐北京相关大学的校长作为访谈嘉宾，于是，钟秉林校长帮忙引荐了首都师范大学的孟繁华校长。

与孟校长短信联系后，孟繁华校长给我的回复如下："18 日吧，具体到京后电联。"

于是，笔者如期对孟校长进行了访谈。以下是结合访谈内容进行的简要分析。

一、革新力

孟繁华校长的"革新力"可以从"四观"："生态观、适应观、引领观、标准观"的办学理念中体现。访谈中，他说道：

> 一所大学的发展理念有几个方面的因素，首先它是在长期历史发展中积淀的一个结果，其次是大学理念本身在引领社会的过程中不断地得到矫正。这两个方面的结果都是在首都师范大学作为北京市重点大学发展定位中得以体现的，其任务主要是为北京市的基础教育培养师资队伍，要基于这样的任务进行大学定位的把握，办学理念要与特定的社会要求相契合。基于现在的社会要求，首都师范大学的办学具体要基于北京市建设的"四个中心"来进行。2014年 2 月 26 日，习近平总书记考察北京提出"四个中心"，即全国政治中心、文化中心、国际交往中心、科技创新中心，要求努力把北

京建设成为国际一流的和谐宜居之都。北京再度面临全新的城市格局重塑。首都师范大学的定位不能游离于这四个中心之外,为此,办学理念的精要之义就是追求卓越,要能够支撑起这四个中心建设的高质量基础教育队伍的培养建设,务必追求卓越。一定要把办学理念与追求卓越落实,如何落实?第一是把握生态观,即把首都师范大学置于北京市整个发展的定位中进行办学;第二是把握适应观,即适应北京市四个中心的发展定位;第三是把握引领观,即引领北京市基础教育的卓越发展;第四是把握标准观,即前述的所有观念具体都要有一个可以遵循的标准,通过标准来具体衡量与体现。

二、阐释力

孟繁华校长对影响一所大学办学治校中根本性问题的认识与把握,主要是从"比较思维"中进行建构的。访谈中,他说道:

问题来自比较。特定大学在发展中存在的根本性问题的认知,主要是看把这所特定的大学与谁进行比较。发掘影响一所大学发展的短板是需要具有一个参照点的。就首都师范大学而言,第一个短板是追求卓越的意识总体上不强。有的强,有的弱,总体上看是不强;第二个短板是总体上优越感较强,缺乏危机意识。学校名称中包含"首都"两个字,这两个字给大部分人一种较强的优越感,作为首都的大学,作为首都的人,作为给首都的基础教育培养人才的大学,很多人天然具有一种来自首都的优越感,觉得自己还行,实际上,这是很致命很麻烦的问题。当一个人认识到自己不足的时候才有发展的空间与力量,当一个人觉得自己还行的时候,基本上就没有发展空间了。就像"温水煮青蛙"那样;第三个短板是首都师范大学作为"双一流"高校带给大部分人徘徊感,即说它不行还有行的一面,说它太行但是也不太行,这是很不好的一种感觉,就是不落后，但是也不拔尖。大部分人都没有一种很强劲的动力去追求"一流"的心态。

三、理论力

孟繁华校长的治校理论可以总结为"生态观指导下的学校治理体系"，要围绕生态观建构一套特定的大学治理理论体系。访谈中，他说道：

> 治理大学的理论，不同的校长认识不一样，不同的大学校长所认知的大学治理理论不一样，单纯地说理论是百花齐放的，是五颜六色、丰富多彩的。因为理论的根本特性从来不是一种"刚性"的，而是柔性的，换言之，没有一套可以照抄照搬的治理理论可以使我们依葫芦画瓢地开展大学治理，只能在具体的实践中，而且在特定大学的治理实践中，和风细雨、渐进式地发现以及提炼适应一所大学的治理理论。这也就是通常意义上说的"理论来源于实践并指导实践"的正确体现。理论来自日积月累的发展过程，而不是来自暴风骤雨与跨越式发展的过程，因此，这里的治理理论就是"渐进式的生态治理理论"。再具体而言，需要在这个渐进式的生态治理理论当中找到具体的能够撬动大学内部局部和整体改革的支点或抓手，也就是彰显渐进式生态治理理论的特定理论，如我自己任首都师范大学校长以来，找到的这个特定的理论就是"以国际化撬动学校内部的改革"。

四、思想力

孟繁华校长的"思想力"主要体现在遵循一种人才培养思想，即"从学生到先生"的人才培养思想。简言之，就是"首师范，先生范"。访谈中，他说道：

"先生"这个称谓有多重含义，男同学走在街上会被称为"先生"；男同学结婚了，夫人会称其为"先生"；因为你的卓越，不管男女性别，也会被尊称为"先生"，比如我们说：宋庆龄先生、杨绛先生；而最常用的一种含义，是老师，"为学为师"的"师"。子曰，"三人行，必有我师焉"，西汉著名学者扬雄说，"师者，人之模范也"，也就是我们所说的"先生"。"先生"二字听起来亲近且大气，可以俯身耕耘，也可以仰望星空。我们要培养的教师就是这样的"先生"。"先生"有四层含义——担当、修为、学识、仁爱。

"先生"是"担当"。"先生"承载着家庭和民族沉甸甸的期待，一个肩膀挑着学生的未来，一个肩膀挑着民族的未来。从个体而言，教育使人成为人，我们当中有谁不是教育的产物呢？教育改变命运，"先生"就是那个改变学生命运的人。能参与到学生的成长中，帮助学生成长，培育人、教化人、发展人、成就人，善莫大焉。从民族而言，今天的学生就是未来实现中华民族伟大复兴中国梦的主力军，就是担当民族复兴大任的时代新人。中华民族的未来，靠的就是千千万万"先生"勇于担当的使命和责任，我希望首师大的毕业生可以谱写其中最浓墨重彩的一笔。

"先生"是"修为"。学高为师，身正为范。作为先生，需要率先垂范，不仅有"学识"，更要有"修为"。"修为"是理想和境界，"修为"是胸怀和格局，"修为"是品格和操守。如果你立志成为先生，也就意味着选择了更高的道德操守标准。同学们走上工作岗位，更加需要坚定理想信念，坚定中国特色社会主义道路自信、理论自信、制度自信、文化自信，自觉践行社会主义核心价值观。用自己的"修为"诠释理想，以高尚儒雅的人格魅力赢得敬仰，以模范的言行举止树立榜样，把真善美的种子播撒到人们的心中，真正成为总书记所说的塑造品格、品行、品味的"大先生"。

"先生"是"学识"。一定意义上，"先生"就是知识分子的别称。我们身处变革的新时代，面对新变化、新事物，更需要扎实的"学识"。面对汹涌而来的信息时代，社会需要具备灵活性、适应性、自主性、合作能力以及有创新精神的高素质人才。这就要求我们每一位学生都成为终身学习者，我们要始终处于学习状态，站在知识发展前沿，刻苦钻研、严谨笃学，不断充实，拓展，提高自己。要像总书记所期许的那样，学习就必须求真学问，求真理、悟道理、明事理。如果你是作为老师的先生，那就应该用一辈子备一堂课，为了给学生知识的亮光，老师要吸进整个光的海洋。要记住，教师不是"育分"而是"育人"，不是培养"考生"而是培养"学生"。如果你是作为科研工作者的先生，就应该像一位同学那样，他在实验室的两年时间里进行了400多次尝试实验，失败300多次仍坚忍不拔，终获成功。如果你将来从事艺术类工作，就要以崇德尚艺的精神，研发无愧于这个时代的精品力作，争做德艺双馨的艺术家。

"先生"是"仁爱"。"仁者爱人"，"先生"必定是"仁者"。学生以后从事教师职业，最重要的是秉持仁爱之心。我们不是要选择适合教育的儿童，而是要创造适合儿童的教育，尊重每一个学生，平等对待每一个学生，从不把学生分为三六九等，善于发现每一个学生的长处和闪光点，让所有学生都成长为有用之才。

五、实践力

孟繁华校长的"实践力"主要体现在他是立足于"把首都师范大学办成培养北京人的教师的一所大学"的目标来开展具体实践的。访谈中，他说道：

首都师范大学的办学目标是北京市赋予的重要任务，基于这样的办学目标或办学任务培养人的实践能力。首先，从广义的层面看这种实践能力，就是北京市所有的基础教育师资队伍都与首都师范大学有关系，其实践能力的高低或多或少都与首都师范大学有关系。换言之，首都师范大学的人才培养质量与所培养人才的实践能力关乎北京市未来的整体人口素质，这是最大的实践力问题。特定的人才培养措施必须基于这样的广义任务与目标来进行。如，首都师范大学进行的国际化人才培养标准措施，就是典型的增强这种实践能力的有力实践举措，也是把首都未来人口素质中的实践能力定位在国际标准层面来培养，按照国际规则、国际标准对优质名校的要求来培养人的实践能力。其次，通过大力推进学科建设与专业建设一体化进行实践能力培养。在学科建设方面保障人才培养的实践能力，做到学科建设与专业建设一体化，应对以往学科建设与专业建设两张皮的问题，弥补以往学科建设单纯针对"知识体系"认知的漏洞，弥补以往专业建设单纯针对"人才培养"认知的漏洞，这两者本质上不是两回事，而是一回事，怎样具体推进这两者做到一回事？做到"人"是一回事就可以把这两者缝合起来，即专业负责人就是学科带头人，学科带头人就是专业负责人。基于人是一回事，就能做到学科建设与专业建设是一回事，就能做到两者的不分离，就能做到把人才培养、学科建设、专业建设密切结合在一起。

六、学习力

孟繁华校长对大学校长的"学习力"的认知主要来自"积淀论"。访谈中，他说道：

大学校长的学习主要依靠前期的积淀，在实际的大学校长工作过程中，要想进行系统的学习是来不及的。因为没有时间和精力让我们再来进行大面积和系统深入的学习。我站在校长的立场上理解学习力，得到的成果可以用三句话进行说明——问题更加鲜明、体会更加深刻、研究更加有针对性。不管是做课题研究也好，还是培养硕士博士研究生也好，抑或是制定学校方面的一些顶层设计的规章制度等，都在这三句话方面得到了具体的印证。校长的学习力最关键的是要能立足于"教育的本质是人与人的关系"这个关系范畴，建构或架构好支撑这一关系得以良好运转的一系列其他关系体系。

孟校长在任职校长之前，其学习力的结晶体现在他的一些论著中，他出版《教育管理决策新论——教育组织决策的系统分析》《国际教育新理念》《学校发展论》《赏识你的学生》等专著6部，发表学术论文近100篇，多篇被《人大复印报刊资料》和《新华文摘》等收入。

七、育人力

孟繁华校长的"育人力"可以从他在任职校长以来着力推进的人才培养和师资队伍建设方面的具体措施上显现。在访谈中，他说道：

> 首都师范大学结合北京市的"四个中心"的定位进行人才培养，首先，其中之一的有力举措是大力推进人才培养的国际化，本科生中，有10%左右三年时间都在国外进行学习。其次，是大力引进国外师资队伍，如2018年上半年已经完成了让20个国外专业技术人才到首都师范大学进行任教的任务，2018年下半年再加强引进，目标是争取用若干年的时间，令外籍著名教授在首都师范大学的师资队伍中达到100人左右，这个数字意味着首都师范大学的整个教师队伍中有近10%的教师是外籍教师，这里的外籍是指不同的种族，不是中国人，不是华裔人士。在引进这些教师队伍的过程中，在观念上要与生态观相匹配、相符合，采取适用于知识分子工作动力的激励措施，促使这些国际人才发挥工作积极性与学术热情，遵循的标准是国际标准而非中国标准，通过这两方面的育人力的举措加强整个人才培养的能力。

八、决策力

孟繁华校长的"决策力"主要体现在"集体决策"中，他对决策的认知也主要是通过"大学的集体决策"来彰显。访谈中，他说道：

> 按照相关的规定，任何一个决策都要通过会议决策，也就是集体决策。尤其是吻合"三重一大"的规定范畴的事项，必须通过集体决策。大学校长作为大学的"法人代表"，有一定的个体决策权，但是其决策的范围主要是不涉及普及性或者面较广的事项，比如，在学科建设与科研项目相关工作方面，校长如果认为这个团队以及所从事开展的研究有意义和价值，就直接可以做出决策把相应的经费安排配置到位，自己的经费决策权限范围是200万元以内，不需要上党委会或经过党委会的常委会决策，类似于这种"个案性"比较鲜明的事项，自己可以做出个人决策。

九、执行力

孟繁华校长的"执行力"在前述几方面的阐释中已经得到体现。根据大学所处的特定区域的发展需求进行办学治校，根据北京市建设四个中心的区域社会发展要求来执行首都师范大学的发展治理，建立各方面的举措和措施；根据生态观、适应观、引领观、先生观来推进首都师范大学各方面的发展。在访谈中，孟校长具体说到了体现其执行力的一些环节：

> 自己作为校长，要让大学师生看到作为校长的榜样作用，很多时候要做到身先士卒；在开展某些具体的工作过程中要给予下属或师生特定的并且合理的指导；在具体的工作过程中，该照章办事的时候照章办事，做到对事不对人；该讲原则的时候要讲原则，甚至该做到铁面无私的时候要做到铁面无私；在校长的工作中要找到一

些具体的工作抓手。

十、影响力

孟繁华校长的"影响力"在他还是首都师范大学副校长的时候就得到印证了，作为分管教学的副校长，作为首都师范大学人才培养模式建设的重要参与者，他为首师大模式的建设和首师大与北京基础教育实现"双向激活"做出了贡献。

2014 年北京市大力推进以公平为价值取向的基础教育招生政策，在社会上产生了积极的反响。比如，实行就近入学政策，禁止跨区招生，这正是基于义务教育均衡发展的理念设计的。与此相配合，大力度推进大学办附校、名校办分校、教育集团化、集群化办学、一体化管理、师资资源打通使用，使教育均衡度有了很大的改善，并取得初步成果。首都师范大学以最大的热情和努力，投入到为基础教育服务的浪潮中。今年参与支持 5 所小学艺术特色建设；组建首师大附属苹果园中学；首师大附属小学和云岗中学也在积极筹备中。

作为一所师范大学，为北京市的基础教育服务是首都师范大学的职责所在。首都师范大学也在很大程度上成为提升北京市基础教育办学质量的源头。近年来创建了大学与中小学协同发展机制，学校组织实施了以"双通道"合作共同体建设为突破口的教师教育改革方案，实现师范生和中小学教师、大学和中小学共同发展，理论和实践"双向激活"。大学教师教育理论建设得到中小学实践的滋养，基础教育实践反哺大学教师教育；实践得益于理论的升华，获得了专业改进和发展，教师教育改革取得显著成效。这一模式被教育部誉为"首师大模式"。

另外，孟繁华校长的影响力可以从其社会兼职和获奖中彰显。

孟校长是国务院学位委员会第七届学科评议组（教育学）成员，全国教育科学规划学科组成员，教育部高等学校中学教师培养教学指导委员会委员，北京师范大学兼职教授，《比较教育》《人大复印报刊资料》

（教育学）编委，北京市教育学会副会长，北京市高等教育学会副会长。2004 年入选"新世纪百千万人才工程"国家级人选，2005 年获国务院特殊津贴，入选 2014 年全国文化名家暨"四个一批"人才，2016 年入选国家"万人计划"哲学社会科学领军人才，2009 年和 2014 年分获国家级教学成果一等奖和二等奖，科研成果分获省部级哲学社会科学优秀成果一等奖一次、二等奖两次，获国家教育图书奖一次。

后　记

　　一次好的访谈，应该富有解释的力度、丰富的信息，这是调查访谈的努力方向。我一直在想，做课题研究中遇到的这些大学校长、围绕这些校长所听到的事，对我这个研究者究竟产生了什么影响？想了好久，大概可以用"疏离和亲密"来解释。

　　对大学里的最高行政长官和法人代表的大学校长，我的态度是从疏离到亲密。在没有系统思考与研究大学校长之前，我并不想刻意地去了解他们。但是通过做课题近距离目睹了大学校长的一些实际状态，我意识到每个人的工作境遇都不是一道简单的算术题，其复杂性是难以想象的。大学校长作为精英分子的一员，其实与一线教师没有多大区别，区别仅仅在于大学校长从一位一般教师成了学校法人代表而已。要有这样的视角，才能进一步把握每一个生命个体在不同工作环境下的丰富性。同样地，我作为调查者，对大学校长存有各种"想象"，如果我们不把其作为真正、完整的主体去理解，"理解"就是一个虚假的命题。只有访谈者与被访谈者同时把对方看作与自己共在的平等个体，才能获得"贴近的体验"与大学校长的"内在视野"，也才能深入到大学校长治理能力的内在事实，开展真正意义上的深度访谈。

　　访谈过程带给我最大的收获在于，我与自己的对话从来没有停止——与我想关注了解的大学校长从疏离走向亲密，正是对大学校长生活的关注和在意才使我更了解自己。也正是在工作与生活的维度上，对每一个出现在我研究视野的大学校长有相对完整的理解后，才能从"测量"或"求证"升华到"阐释"与"理解"。与这些大学校长进行访谈，我自己仿佛戴上了一副神奇的眼镜——看人、看己，更清、更透。从这个角度上进一步说，对陌生人的好奇是一个以人为研究对象的研究者拥有的最起码的素质，我们睁大眼睛，抬高自己或是贬低自己，掏空自己，汲取镶嵌在某些特定环境里的主体身上的营养，并且把其呈现出来，揭示出来，供人思考，给人启发。因此，每一个大学校长都是最珍贵的宝藏。

我的"大学校长"研究，不是宏大的命题，却呈现了一个个鲜活的精英分子镶嵌在大学组织上构成的生动历史和跳动的乐章。在访谈时一个个走在路上的日子里，我最在意的不是带回了哪些资料与信息，而是从被访谈者的眼睛与思维中看到了怎样的世界。因为，对每一位大学校长来说，他的大学治理生活就是他的整个宇宙。

从2017年至今，我访谈了21位大学校长，他们就像一本本或精装或平装的书，在我眼中，正如本书的目录所表达的，虽本本不一样，却个个精彩——个性本身就是一种美！

每一次访谈，在充满喜怒哀乐的互动中，我都能真真切切感受到校长们实实在在的忧虑：不止一位校长跟我谈及"校长的职能是管理，管理是专业，不是职业；校长不是天生的，校长也需要学习，需要培训，需要提升，谁在关注我们的发展？"当提及这样的问题时，我内心响起了一个声音：我们的大学校长也需要关怀！

我深知每一位校长都是出类拔萃的，也深知"金无足赤，人无完人"。本书所描述的大学校长，他们的所思所想所做，都是真的；他们所期待的，都是真的。孔雀开屏，您希望怎么看？是从前面看，还是从侧面看？还是从后面看？站在哪个角度看，能让人与我一样赏心悦目？回答是：虽然全面地看更客观，但是从前面看，能带给人更多的正面情绪，而正面情绪能带给人更多的希望与更大的力量！

也许是我研究课题的"愚痴"打动了这些校长，每一次的访谈我都能体会到校长们对我的信任。假如您能看到访谈过程中我与校长们的心照不宣，或心领神会，或慷慨陈词，相信您会与我一样享受这个与校长们的交流过程，享受与这些校长互动时的快乐。

访谈结束，我把每一位大学校长都当成我的良师。大学校长群体这本书，每一章每一节每一页，都让我沉醉！

感动！感谢！

王飞

2019 年 10 月